대한민국의 敵

통합진보당 해산 가이드북

김필재 編著

조갑제닷컴

대한민국을 떠도는 공산주의의 망령

　　법무부 자료에 따르면 공안당국은 2004년 국민행동본부 등의 단체로부터 통합진보당(통진당)의 前身(전신)인 민주노동당(민노당)에 대한 해산 심판 청구 청원을 접수한 후 이 黨(당)의 목적과 활동의 違憲性(위헌성)에 대해 지속적으로 관련 자료를 검토하고 수집·분석해왔다고 한다.

　　법무부는 지하혁명조직 'RO 사건' 발생 이후 통진당 활동의 違憲性에 대해 국민적 우려가 증폭되자, 헌법가치 수호와 국가 정체성 확립차원에서 違憲정당 뿐만 아니라, 反국가 단체 등의 활동에 대한 제재수단 도입 등 종합대책을 마련했다.

　　법무부는 민노·통진당 주요 당직자들의 발언과 간행물, 그리고 개별 구성원들의 활동 등을 수집·심층 분석한 뒤, 2013년 11월5일 국무회의 의결을 거쳐 통진당에 대한 해산 심판을 헌법재판소에 청구했다.

　　법무부는 통진당을 違憲정당으로 규정한 이유를 〈정당해산 심판청구 요지〉에서 간단명료하게 밝히고 있다.

통진당 최고이념, 北 건국이념과 같아

첫째, 통진당의 前身인 민노당은 민노총이 중심이 되어 창당(2000년 1월)되었으나, '민족해방'을 주장하는 NL(National Liberation)계열이 입당하여 당권을 장악한 후 從北(종북)성향 논란으로 두 차례 분당을 거쳐 오늘날에 이르게 된 것으로, 현재는 從北성향의 순수 NL계열로 구성된 상태이다.

둘째, 통진당의 목적은 민주적 기본질서에 위배된다고 판단된다. ▲최고이념인 '진보적 민주주의'는 과거 金日成이 주장하여 북한의 建國이념이 된 것으로, 우리나라가 미국에 예속된 식민지이고, 소수 특권계급이 주인행세를 하는 거꾸로 된 사회라고 하면서 우리 사회의 근본적 변화를 도모하는 이념으로 궁극적으로 '사회주의'를 추구하는 이념이다. ▲통진당의 '민중주권주의'는 진보적 민주주의를 정치·사회적 측면에서 실현하기 위하여 강령에 도입된 것으로, '일하는 사람이 주인이 된 세상'을 목표로 하여 소위 특권계층의 주권을 박탈하고 '일하는 사람'인 '민중'만이 주권을 가지는 사회를 추구한다는 개념이므로, 모든 국민이 주권을 가진다는 '국민주권주의'에 반하는 것이다.

셋째, 통진당의 활동 역시 민주적 기본질서에 위배된다고 판단되는 바, ▲북한의 對南혁명론을 추종하는 '강온양면' 전술에 따라 혁명의 결정적 시기가 도래하면 무력에 의한 혁명을 추구하고, 그 전의 준비기 동안에는 大衆政黨(대중정당)을 통한 反국가 활동 등에 의하여 혁명역량을 강화하는 것을 도모하고 있다. ▲이석기 등이 관여한 RO 조직의 내란음모·선동 행위와 일심회 간첩단 사건 등 각종 反국가 활동은 위와 같은 전술에 따라 이루어진 것으로 우리나라 체제를 파괴하려는 활동이므로 자유민주적 기본질서에 반한다. ▲ 국회를 '혁명의 교두보', 선거를 '투쟁'으로 인식함에 따라 비례대표 부정경선 등으로 민주적 선거제도를 부정하고, 국회 본회의장 최루탄 투척, 5·12중앙위원회 집단폭력 등으로 의회주의 원칙, 정당 민주주의에 반하는 활동을 하였다.

넷째, 통진당은 민노당 시절부터 창당 및 NL계열의 입당 과정, 강령 개정 및 3당 합당 등 과정에 북한 지령을 통해 북한과 연계되어 온 사실이 확인되어, 존치할 경우 북한과 함께 우리나라의 존립을 위태롭게 할 우려가 상당히 높다. 이에 통진당에 대한 해산심판 및 소속 국회의원들에 대한 의원직 상실선고를 청구한다. 위헌적 활동 계속으로 인한 자유민주적 기본질서 침해를 방지할 급박할 필요성에 따라 정당보조금 수령을 비롯한 각종 정당 활동 정지 가처분도 신청하였다.

민노당 前 관계자 "강령에 공산주의 담겨있다"

법무부의 정당해산 심판청구 요지에 따라 민노·통진당의 이념적 정체성을 한 문장으로 요약하면 '金日成의 북한 建國이념이라 할 수 있는 진보적 민주주의를 최고이념으로 삼으면서, 북한의 對南혁명론을 추구하는 남한 내 從北정당'이 된다. 민노·통진당의 이념적 정체성을 조금 더 명확하게 규정할 수 있는 발언은 과거 민노당 관계자의 입에서 나왔다. 2011년 6월19일 '민주노동당정책당대회'에서 崔圭曄(최규엽) 당시 강령개정위원장은 기존 강령에서 '사회주의 이상과 원칙을 계승 발전한다'는 문구를 삭제한 것과 관련해 아래와 같이 말했다.

▲"당원과 노동자들 사이에서 사회주의 이상과 원칙은 충분히 토론이 안 됐다. 사회주의의 이상과 원칙은 '진보적 민주주의'를 하면서 해야 할 부분이라 생각했다. … 개정안에는 인간해방이라는 문구가 있으며 인간해방은 모든 억압과 착취를 폐절하는 것이다. '인간해방'에 '공산주의'가 들어가 있다"

▲최규엽 위원장은 "나도 사회주의를 무지하게 좋아한다" "이 강령에는 결국 공산주의도 담겨있다" "어차피 당원들이 현재 강령도 잘 모른다"며 계속 눙치고 넘어가거나 물타기식 답변으로 일관했다.

(출처: 인터넷 「민중언론 참세상」, 2011년 6월19일자 보도 및 인터넷 「레프트21」

59호, 2011년 6월20일자 보도)

이후 崔 씨는 법무부가 통진당에 대한 정당해산 심판을 청구하자, 인터넷 〈조인스닷컴〉과의 인터뷰(2014년 2월20일)에서 "당시 '진보적 민주주의'는 민노당 강령에 있던 '사회주의 이상과 원칙'이란 문구를 빼면서 대신 집어넣은 거다"라고 말한 뒤, 아래와 같이 밝혔다.

"PD 계열이 그 문구를 빼면 탈당하겠다고 해서 그들을 설득하며 '사회주의 이상과 원칙은 뺐지만 자주, 평등, 인간해방 다 들어있는 사회주의 이상과 원칙도 다 포용할 수 있는 것 아니냐'며 이해해 달라는 취지로 말한 거다. 내가 공산주의라는 말만 안 했지 다 들어가 있다'는 말을 했을지언정 취지는 그게 아니었다. 진보정당이 더 대중적으로 다가가야 한다는 의미에서 진보적 민주주의를 쓴 거다"

崔 씨의 주장대로라면 '사회주의', '인간해방' 문구가 들어간 민노당 강령, '진보적 민주주의' 문구가 들어간 통진당 강령은 사실상 '공산주의' 이념이 內在(내재)되어 있다고 볼 수 있다.

그렇다면 통진당과 그 비호세력을 '진보'라고 표현하는 것은 사실과 憲法에 위배된다. 계급투쟁, 인간말살, 문명파괴 세력인 공산주의자들과 그들의 정당은 '진보'가 아니기 때문이다. 오히려 '반역·수구세력' 또는 '종북·반역세력'이라고 표현하는 게 정확하다.

대한민국 憲法은 대한민국 내에서 공산당의 존재를 불법화하고 있다. 憲法은 제11조 2항에서 "사회적 특수계급의 제도는 인정되지 아니하며, 어떠한 형태로도 이를 창설할 수 없다"고 규정하고 있다. 따라서 프롤레타리아 계급 정당인 공산당은 대한민국에서 합법 정당이 될 수 없다. 뿐만 아니라 대한민국 憲法은 제4조에서 "대한민국은 통일을 지향하며 자유민주적 기본질서에 입각한 평화통일 정책을 수립하고 이를 추진한다"고 규정하고 있다. 이는 곧 통일이 이룩될 경우 그렇게 이루어지는 통일된 국가도 자유민주주의를 기본질서로 채택해야 하기 때문에 공산당은 통일국가에서도 합법화될 수 없다는 것이 된다.

북한은 북한 憲法 제11조에서 "조선민주주의 인민공화국은 조선노동당의 영도 밑에 모든 활동을 진행한다"고 黨의 절대우위원칙을 못 박고 있다. 북한은 또 憲法 위에 존재하는 규범인 '조선로동당규약'(2012년 4월 개정)에서 "조선로동당은 주체사상교양을 강화하며 자본주의사상, 봉건유교사상, 수정주의, 교조주의, 사대주의를 비롯한 온갖 반동적, 기회주의적 사상 조류들을 반대배격하며 '마르크스·레닌주의의 혁명적 원칙'을 견지한다"고 밝히고 있다.

따라서 "조선노동당의 영도 밑에 모든 활동을 진행"하는 이른바 조선민주주의인민공화국, 즉 북한은 지금도 여전히 "마르크스·레닌주의를 고수"하는 '공산집단'임에 이론의 여지가 없다.

통진당은 해산되어야 마땅하다

1997년 프랑스에서 출간된《공산주의 흑서(Le Livre noir du communisme)》에는 이런 통계가 있다. 숙청, 집단 처형, 집단 강제이주, 정부가 만든 대기근 등을 통해 공산주의 체제로부터 죽임을 당한 무고한 사람들이

약 1억 명이란 통계이다. 히틀러의 나치(Nazi) 독재에 의한 피살자는 약 2500만 명이다. 공산주의의 인간 말살이 히틀러의 네 배나 된다. 인류 역사상 유례가 없는 대학살을 공산주의자들이 저질렀다.

인간이란 존재는 불완전하다. 歷史의 교훈을 잘 기억하는가 하면 반대로 잘 잊어버리기도 한다. 그렇기 때문에 인간은 과거의 어리석은 일을 다시 되풀이하는 속성이 있다. 공산주의 창시자인 마르크스는 자본주의가 해결할 수 없는 내부모순을 겪으며, 그것으로 인해 자본주의가 필연적으로 파괴될 것이라고 보았다. 그러나 자본주의는 현실에 민감하고 스스로 조절할 능력(自淨능력)이 있었고, 또 경험에 근거하고 있었기 때문에 모든 위기들을 극복해 왔다.

반면 계급투쟁론에 입각해 자본주의가 망하고 공산주의가 필연적으로 도래한다는 '마르크스의 명제'(歷史 결정론)는 공산주의 국가들의 잇따른 패망으로 스스로의 한계를 드러냈다.

실패한 공산주의의 망령을 21세기 대한민국에서 다시금 부활시키는 행위는 그야말로 '미친 짓'이라 할 수 있다. 여기서 미친 짓이란 동일한 행동을 반복하면서 相異(상이)한 결과를 기대하는 그릇된 행동이다. 통진당의 목적과 활동은 대한민국 헌법상의 자유민주적 기본질서를 부정하고, 이를 유지하기 위한 헌법적 제도들을 폐지하려는 것으로 違憲정당이 명백하다. 그러므로 통진당은 해산되어야 마땅하다.

본 책자에서 1장과 2장은 필자가 그동안 〈조갑제닷컴〉에 게재했던 기사를 집대성한 것이며, 3장과 4장은 법무부 자료를, 5장과 6장은 법무부, 검찰, 법원 자료를 요약했다. 이름을 알 수 없는 公安(공안)기관 종사자들의 勞苦(노고)가 없었다면 이 책은 나올 수 없었을 것이다.

《1984》의 저자 조지 오웰은 "거짓이 판치는 세상에서는 진실을 말하는 것이 혁명"이라고 했다. 아무쪼록 이 책이 더 좋은 세상을 만들기 위한 '진실 확산의 도구'가 된다면 〈조갑제닷컴〉 편집실의 목적은 달성되는 것이다.

2014년 3월

조갑제닷컴 金泌材

차 / 례

제 **1** 장

북한의 對南전략

1

북한의 對南인식 및 목표

북한의 對南인식 및 목표

남한사회 성격	– 美제국주의의 新식민지 국가 – 남한정권: 反통일, 反민족세력, 민주세력(從北·容共세력) 탄압정권	
反혁명세력	– 美帝의 新식민지 정책 추구자 – 매판자본가, 반동관료배 – 反사회주의·反공화국 책동을 하는 반동분자(保守·右派세력)	
해결방도	– 민족해방 인민민주주의 혁명(주한미군철수, 남한정권 타도, 　容共정권수립) – 3대 혁명역량 강화(북한·남한·국제 혁명역량 강화) – 고려연방제에 의한 통일(한반도 공산화 통일)	
목 표	**당면목표**	**최종목표**
	– 對南(대남) 우위의 군사력 확보 – 3대 혁명(사상, 기술, 문화) 수행 – 민족해방 인민민주주의 혁명 수행	– 수령 독재 국가 완성

북한의 對南(대남) 인식은 '美제국주의가 세계제패를 위한 병참기지로 활용하기 위해 강제로 점령한 植民地(식민지)가 남한'이라는 관점에서 출발하고 있다. 북한은 8·15 광복 이후 줄곧 對南 논평 등을 통해 ▲"남조선은 美帝의 완전한 식민지이며 침략적 군사기지이다", ▲"美帝는 남조선을 정치-경제-군사적으로 완전히 예속시켰다", ▲"美帝에 의해 일부 재편성된 남조선의 사회경제 관계는 지난 일제 식민지 통치시기에 비해 아무런 본질적 변화도 없이 여전히 식민지 半封建的(반봉건적) 성격을 띠고 있다"고 주장해왔다. 북한은 이러한 對南인식을 바탕으로 이른바 美제국주의자들로부터의 '해방'과 反共세력에 대한 '혁명'을 통해 남한에서 공산정권을 수립하는 것을 對南전략의 목표로 추구해왔다.

북한은 2012년 4월 개정된 〈조선노동당 규약〉 서문에서 '조선노동당의 당면목적'을 아래와 같이 밝히고 있다.

> 조선로동당의 당면목적은 공화국 북반부에서 사회주의 강성국가를 건설하며 전국적 범위에서 민족해방민주주의 혁명의 과업을 수행하는 데 있으며 최종목적은 온 사회를 김일성·김정일주의화하여 인민대중의 자주성을 완전히 실현하는 데 있다. … 조선로동당은 주체사상교양을 강화하며 자본주의사상, 봉건유교사상, 수정주의, 교조주의, 사대주의를 비롯한 온갖 반동적, 기회주의적사상조류들을 반대배격하며 마르크스·레닌주의의 혁명적 원칙을 견지한다. … 조선로동당은 남조선에서 미제의 침략무력을 몰아내고 온갖 외세의 지배와 간섭을 끝장내며 일본군국주의의 재침책동을 짓부시며 사회의 민주화와 생존의 권리를 위한 남조선인민들의 투쟁을 적극

지지성원하며 우리 민족끼리 힘을 합쳐 자주, 평화통일, 민족대단

결의 원칙에서 조국을 통일하고 나라와 민족의 통일적 발전을 이룩

하기 위하여 투쟁한다.

북한은 김일성·김정일 死後(사후) 심화된 경제난을 타개하기 위해 한국과 미국을 중심으로 한 국제사회로부터의 경제적 지원을 받아들이고 있다. 그러면서도 천안함 爆沈(폭침)·연평도 포격 등 무력 對南도발을 서슴지 않았다. 따라서 북한이 일시적 宥和(유화) 제스처를 구사한다고 해서 지금껏 유지해 온 '남조선 혁명'을 통한 全(전) 한반도의 공산화(노동당 규약에서 밝힌 온 사회의 김일성·김정일주의화)라는 對南 전략 목표를 포기했다고 볼 수는 없다.

2

북한의 對南혁명 이론

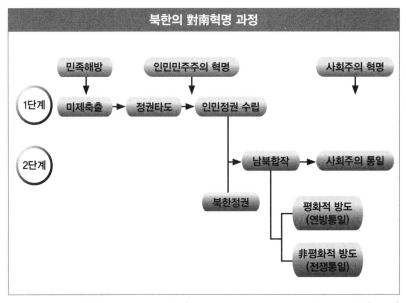

북한의 對南혁명 과정

민족해방   인민민주주의 혁명   사회주의 혁명

1단계   미제축출 → 정권타도 → 인민정권 수립

2단계   남북합작 → 사회주의 통일

북한정권   평화적 방도 (연방통일)

非평화적 방도 (전쟁통일)

(출처: 통일부 통일교육원, 〈주제가 있는 통일문제 강좌 23: 북한의 대남전략〉, p. 25)

북한은 〈조선노동당 규약〉에서 '마르크스·레닌주의' 세계관을 혁명의 원칙으로 삼고 있다. 따라서 계급 혁명과 한반도 공산화를 필연적인 당위성으로 보고 있다. 북한은 남북통일을 공산주의적 세계관과 일치 시키고 있다. 이에 따라 북한은 남북통일이 '남한 내 혁명'에 의해 달성되어야 한다고 믿고 있다. 그동안 북한이 남한을 상대로 제시해온 갖가지 통일방안은 한반도 공산 혁명을 달성하기 위한 하나의 수단 또는 방법에 지나지 않는다.

북한은 남한과 달리 1948년 김일성에 의해 독재정권을 수립한 이후 한 번도 정권교체를 이루지 않았기 때문에 형식적인 측면에서 일관된 통일노선(한반도 공산화 통일)과 對南정책 기조를 유지해 왔다. 시기별 북한의 통일노선 변화를 살펴보면 아래와 같다.

▲ 1970년대 이전: 反帝·反봉건적 민주주의 혁명

북한은 1970년대 이전까지 남한에서의 혁명을 '反帝·反봉건적 민주주의 혁명'으로 규정지었다. 이것은 북한에서 해방 후 1946년에 실시한 토지개혁과 산업국유화 등의 이른바 '민주개혁'을 '민주주의 혁명'이라 하고, 그 성격을 '反帝·反봉건적 민주주의 혁명'이라고 했던 것과 一脈相通(일맥상통)하는 내용이다. 이것은 남북통일을 위해서 공산주의 이론에 의한 제1단계 '민주주의 혁명'을 남한에서 수행하겠다고 하는 것이었다. 2012년 개정 이전 1969년 채택된 〈조선노동당 규약〉은 "조선로동당의 당면목적은 공화국 북반부에서 사회주의의 완전한 승리를 보장하여 전국적 범위에서 反제국주의 혁명, 反봉건적 혁명, 민주주의 혁명의 과업을 수행하는 데 있으며 최종목적은 공산주의 사회를 건설하는 데 있다"라고 했다.

이것은 남한에서 反帝·反봉건적 민주주의 혁명을 수행한 다음에 북한과 남한의 새 정권이 협상하는 형식으로 공산당 주도의 통일 정권을 수립, 남한지역의 사회주의 혁명을 거친 후 공산주의 사회를 건설하겠다는 의지를 표명한 것이었다.

〈조선노동당 규약〉에 언급된 ▲'反帝'는 제국주의 세력을 뜻하는데 이는 주한미군 철수를 포함, 韓美간 友好(우호)와 同盟(동맹)관계 등 남한에 영향을 미치는 모든 美제국주의 세력의 추방을 의미한다. ▲'反봉건'이란 북한이 1946년 실시했던 것과 같은 無償沒收(무상몰수), 無償分配(무상분배, 註: 실제로는 농민에게 경작권만 인정)를 내용으로 하는 이른바 農地改革(농지개혁)을 말하는 것이다. ▲'민주주의 혁명'이란 마르크스의 '부르주아 민주주의 혁명'과 같은 의미로 공산당을 중심으로 하는 '통일전선정권'의 수립을 목표로 하는 것이다.

▲ 1970년대 이후: 민족해방인민민주주의 혁명

북한은 1970년 11월 노동당 제5차 대회에서 남한혁명의 성격을 과거 '혁명적 민주기지론'에서 '민족해방인민민주주의'(NLPDR)라고 새롭게 규정했다.

'민족해방 인민민주주의' 혁명의 주요 내용은 "남조선 혁명은 남한의 혁명세력이 주체가 되어 수행해야 한다"는 일종의 '지역 혁명론'으로서 1단계로 남한에서 '민족해방 인민민주주의 혁명'을 수행한 다음, 2단계로 사회주의 혁명을 진행시킨다는 단계적 혁명론이다.

북한이 초창기 '혁명적 민주기지론' 전략에서 이처럼 지역 혁명론을 주장하게 된 배경은 6·25전쟁 이후 분단이 장기화됨으로써 남북한의 상반된 정치·사회체제가 고착화되고 무력·적화통일이 점점 어려워질 것 이라는 인식에서 비롯됐다.

흔히 NLPDR이라고 불리는 '민족해방 인민민주주의' 혁명노선은 남한혁명의 성격과 임무를 다음과 같이 규정하고 있다.

① 남조선 혁명은 美제국주의 침략세력과 그와 결탁한 지주·매판 자본가·반동관료배들을 한편으로 하고 남조선의 노동자·농민· 인텔리·청년학생을 비롯한 각계각층 인민들을 다른 편으로 하 는 두 세력 사이의 모순에 의해 생긴 反帝·反봉건 민주주의 혁 명이며, 전체 조선 혁명의 중요한 구성 부분이다.

② 남조선혁명은 美제국주의 침략자들을 반대하는 민족해방 혁명 인 동시에 美帝의 앞잡이들인 지주·매판자본가·반동관료배들 과 그들의 파쇼통치를 반대하는 인민민주주의 혁명이다.

③ 남조선 혁명의 대상은 美제국주의자들을 비롯, 지주·매판자본 가·반동관료배들이며 남조선 혁명의 동력은 노동 계급과 농민· 진보적 청년학생·지식인·애국적 군인·일부 애국적 민족 자본가 들과 소자산계급이다.

④ 남조선 혁명의 기본임무는 美帝의 식민지 통치를 청산하고 남조 선사회의 민주주의적 발전을 보장하며 북반부의 사회주의 역량 과 단합하여 나라의 통일을 달성하는 데 있다.

(한국사사전편찬회 著, 《한국 근현대사 사전》, 도서출판 가람기획)

김일성은 위와 같은 전략에 따른 구체적 전술로 ▲反美·救國(구국)통일전선의 구축 ▲정치투쟁과 경제투쟁, 合法·半합법투쟁과 非합법투쟁, 폭력투쟁과 非폭력투쟁 등 투쟁에서의 배합의 원칙 ▲大衆(대중)의 정서와 수준에 걸맞은 大衆的인 투쟁방법 ▲창조적이고 다양한 투쟁형태 등을 강조했다. NLPDR노선은 1986년을 전후해 主思派(주사파)를 중심으로 한 남한 운동권에 광범하게 받아들여졌다.

3

북한의 對南투쟁 3大 과제

'낮은단계 연방제'는 공산화로 가는 길

북한은 민족해방인민민주주의 혁명(NLPDR) 달성을 위한 통일전선의 슬로건(slogan)으로 '自主, 民主, 統一'(이하 自民統)을 전술적 행동지침으로 삼고 있다. 自民統과 관련해 북한의 對南 매체인 〈반제민족민주전선(반제민전)〉은 '전국적 범위에서 민족해방과 인민민주주의의 혁명과업을 완수한다'는 내용을 근거로 "우리나라의 일부지역을 강점하고 있는 美帝 점령군을 축출함으로써 식민통치체제를 청산하는 한편, 식민지 예속 정권을 자주적 민주정권으로 교체하고 그 새로운 정권이 민족해방 민주주의 혁명의 과업을 끝까지 완수하는 것"이라고 밝히고 있다. 이와 함께 "美帝 점령군을 몰아내고 反혁명세력을 打勝(타승)함으로써 식민지예속체제, 국가보안법 체제를 청산하는 것은 곧 자주적 민주정권을 수립하는 것이다. 자주적 민주정권의 정치강령과 전국적 통일전선의 정치강령은 동일하게 자주·민주·통일의 3대 강령"이라고 했다.

따라서 북한과 북한을 추종하는 남한 내 從北세력이 주장하는 '自主'는 주한미군철수를 위한 反美자주화 투쟁을 의미한다. '民主'라는 용어는 남한의 자유민주주의 정권을 타도해 從北세력이 주도하는 인민민주주의 정권을 수립하기 위한 反파쇼 민주화투쟁(예: 국보법 철폐, 국정원·기무사·경찰보안수사대 해체)을 의미한다. '統一'이라는 용어는 대한민국 憲法에 입각한 자유민주주의적 통일(자유통일)이 아니라 북한이 주도하는 연방제 통일을 의미한다.

북한은 또 自民統을 통해 '낮은단계 연방제'가 실현되며, 낮은단계 연방제가 실현되면 한반도 공산화 통일을 위한 '전국적 범위의 통일전선이 형성된다'며 다음과 같이 밝히고 있다

> 민족해방민주주의 혁명의 당면과업은 우리나라의 일부 지역을 식민지로 강점하고 있는 미제점령군을 몰아내고 식민지통치제제를 타도하는 것입니다. 조선노동당의 규약 前文은 이렇게 밝히고 있습니다. '조선노동당은 남조선 美제국주의 침략군대를 몰아내고 식민지통치를 청산하기 위한 투쟁을 전개한다'는 것입니다. 미제점령군을 철거하고 식민지통치제제를 타도하는 당면과업을 조선노동당이 수행한다는 말을 이해할 때, 조선노동당이 그 당면과업을 수행하는 데서 식민지의 혁명세력을 배제하고 단독적으로, 배타적으로 수행한다는 의미로 오해해서는 안 되며, 조선노동당이 혁명과업을 수행하고 있으므로 식민지의 혁명세력은 수수방관하고 있어도 혁명은 승리할 것이라고 착각해서도 안 됩니다.

미제점령군을 철거하고 식민지통치체제를 타도하는 민족해방민주
주의 혁명과 당면과업은 조선노동당의 영도에 따라 조선반도 전역
에 존재하는 각이한 사회정치세력들이 전국적 통일전선을 축성함
으로써 함께 수행하여야 할 과업입니다. … 식민지 민중의 사회민주
화를 위한 투쟁의 목표는, 파시스트 폭압통치의 산물인 국가보안법
과 노동관계법을 비롯한 온갖 반파쇼 악법을 철폐하고 국가정보원
을 비롯한 反민주적 폭압기관을 해체하고 인민대중의 민주주의적
권리를 보장하며 인민대중을 위한 사회정치체체로 개조−변혁하는
것입니다. … 국가보안법 철폐투쟁과 민중생존권 보장 투쟁은 일반
민주주의 개혁을 실현하기 위한 식민지 인민대중 자신의 투쟁입니
다. 우리 민족민주운동은 식민지에서 각계각층 인민대중의 자주적
민주역량을 조직·동원하여 지역통일전선을 형성하고, 그 통일전선
역량으로 국가보안법 철폐투쟁과 민중생존권 쟁취투쟁을 진공적으
로 전개해야 하며, 조선노동당은 그 투쟁을 적극 지원하게 됩니다.
지역통일전선의 국가보안법 철폐투쟁과 민중생존권 쟁취투쟁이 승리
하여 식민지에서 일반민주주의개혁이 실현되면, 자주적 민주정권을
수립하기에 결정적으로 유리한 조건이 마련됩니다. 지역통일전선은
일반민주주의의 기초 위에서 자주적 민주정권을 수립하기 위한 투
쟁을 전개해야 합니다. 또한 일반민주주의개혁의 실현은 낮은 단계
의 연방제를 실현하는 지름길이기도 합니다. 일반민주주의개혁과 낮
은 단계의 연방제가 실현되면, 혁명의 주체는 조직−정치사업을 전국
적 범위에서 활발히 전개하여 전국적 통일전선을 축성하게 됩니다.
(출처: 北통일여명 편집국, 〈조선노동당의 강령과 전국적 통일전선의 강령〉,
2002년 9월)

4

북한의 對南赤化 통일방안

북한은 〈조선노동당 규약〉을 통해 한반도 공산화 통일 기조를 변함없이 고수하면서 1960년대 초부터 聯邦制(연방제) 통일을 주장해왔다. 북한은 이후 시기와 정세의 변화에 따라 '연방제'의 의미를 여러 차례 수정해왔으며, 공식적인 통일방안으로 1980년 10월10일 제시된 '고려민주연방공화국 창립방안'(이하 고려연방제)을 제시하고 있다.

고려연방제는 통일의 원칙으로 '자주'(주한미군철수), '평화'(미국과의 평화협정 체결), '민족대단결'(남한 내 공산주의 활동보장)의 3개항을 제시, 남한에서 이른바 '자주적 민주정권' 즉, 連共(연공)정권 수립을 기본 목표로 하고 있다.

고려연방제는 통일을 이루기 위한 전제조건으로 남한의 국보법 폐지·주한미군 철수·공산주의 합법화·남한 내 '인민민주정권' 수립 등이 충족되어야 한다고 주장하고 있어 남한 무장해제를 통한 '공산화 통일' 의도를 분명히 하고 있다.

여기서 인민민주정권이란 과거 소련공산당이 제20차 전당대회에서 채택한 후진국에서의 공산화전략으로서 완전한 공산정권수립에 앞서 민족주의 세력을 포함하는 연립정권(국방·내무 등 핵심은 공산당이 장악)을 세우는 것을 뜻한다. 이 같은 북한의 의도는 1974년 1월30일 개최된 남북 조절위원회 제3차 부위원장회의에서 구체적으로 드러났다.

　　당시 북한 측 부위원장 류장식은 '대민족회의' 구성문제와 관련해 쌍방 대표단의 인원수를 각각 350명 내지 1500명 규모로 하고, 남한 측 대표단 속에는 반공정당·반공단체·반공인사들이 참가할 수 없으며 '통

남북한 통일방안 비교

	(한)민족공동체 통일방안	고려연방제 통일방안
원칙	자주 · 평화 · 민주	자주 · 평화 · 민족대단결 (남조선혁명, 연공합작, 통일 후 교류 협력)
주체	민족 구성원 모두	프롤레타리아 계급
철학	자유민주주의(인간중심)	주체사상(계급중심)
전제조건	없음	국가보안법 폐지, 공산주의 활동 합법화, 주한미군 철수
통일과정	화해·협력 → 남북연합 → 통일국가완성(3단계) ※민족사회건설우선 (민족통일 → 국가통일)	연방국가의 점차적 완성 (제도 통일은 후대에) ※국가체제 존립우선 (국가통일 → 민족통일)
과도통일 체제	남북연합−정상회담에서 '남북연합헌장'을채택, 남북연합기구구성·운영 ※남북합의로 통일헌법초안 → 국민투표로확정	없음
통일국가 실현절차	통일헌법에 의한 자유민주적 남북한 총선거	연석회의 방식에 의한 정치협상
통일국가의 형태	1민족 1국가 1체제 1정부의 통일국가	1민족 1국가 2제도 2정부의 연방국가

일혁명당' 대표가 반드시 포함되어야 한다고 주장했다. 북한은 또 고려연방제가 '주체사상'에 기초하고 있다고 밝혀왔다. 실제로 김일성주의는 역사·이념적 배경으로 스탈린주의에 의존하고 있고, 스탈린주의는 레닌주의에 뿌리를 두고 있기 때문에 '고려연방제'는 레닌주의 혁명전통의 연장선상에 위치해 있다고 할 수 있다.

따라서 공산주의자들이 말하는 '연방제'는 볼셰비키 혁명 후 러시아에서 실시되고 경험된 역사적 사실이며, 고려연방제는 레닌주의의 유산으로 북한이 적용한 과도적 조치로서 '북한식 흡수통일론'이라 할 수 있다. 북한은 이 점을 주체사상에 의존해 다음과 같이 주장한다.

> 고려민주연방 창안방안은 무엇보다도 주체사상의 원리로부터 출발하고 그것으로 일관 되게 관통되어 있다. (고려연방제는) 주체사상과 우리나라의 구체적 현실에 기초하고 있는 가장 정당한 통일 강령이며, 통일구국 대헌장이다.
>
> (黨 기관지 〈근로자〉, 1980년 제11호 54면)

탈북 후 2010년 作故(작고)한 황장엽 전 조선노동당 비서는 "북한 통치자들이 주장하는 연방제 통일방안은 본질상 체제경쟁에서 승리하기 위한 통일전선 전략을 구현한 전술적 방안으로서 그들의 통일전선 전략은 계급투쟁론과 무산계급 독재론에 기초하고 있다"고 경고한 바 있다.

고려연방제의 가장 핵심이 되는 키워드는 1국가 2제도다. 이것은 북한의 조선노동당이 주도하는 평양정부를 중앙정부로 하고 북한정권을 추종하는 남한의 서울정부를 지방정부로 하여 연합한다는 것으로 북한이 남한을 흡수·병합한다는 의미를 내포하고 있다.

中 모택동의 國共합작과 비슷한 北 고려연방제

고려연방제는 과거 중국의 모택동이 주도한 '國共合作'(국공합작)과도 매우 유사하다. 1923년 1월 중국의 손문은 소련 특명전권 대사인 '코민테른' 특사 요페와 회동해 '對蘇(대소)용공정책' 수용의 '공동선언'을 발표했다. 이는 부르주아가 진보적 역할을 하고 있는 한 공산당이 원조해야 한다는 것으로 혁명적 부르주아와의 합작을 뜻했다.

이에 따라 중국에서는 혁명적 부르주아 정당으로서 손문의 중국국민당이 선정됐다. 이것이 바로 國共合作이다. 1924년 중국국민당 제1차 전당대회는 "소련과 연합하고 공산당을 허용한다"는 連蘇連共(연소연공) 정책을 발표한 결과 이 대회에서 국민당 중앙위원 1/3을 중국공산당이 장악하게 됐으며, 중국공산당은 소위 '국민혁명'의 명분하에 대중조직 공작과 군중투쟁을 전개해 세력을 급속히 확장시킬 수 있었다. 國共合作 과정에서 중국공산당은 국민당이 마땅히 국민혁명의 중심세력이 되어야 하며, 국민혁명의 영수로서의 지위에 서야 한다고 철저하게 '양보전술'을 구사했다. 나아가 중국공산당원은 국민혁명을 위하여 충실한 국민당원 노릇을 할 것이고 공산주의 선전을 절대로 하지 않을 것임을 천명하기도 했다.

1936년 중국공산당이 국민당에 제2차 國共合作을 요구하는 역사적 書翰(서한)을 보내 혁명적 抗日(항일)통일전선 구축을 촉구했으나 내부적으로는 "우리의 敵을 우리의 연합전선 앞에 굴복시켜라!"는 지휘방침을 세웠다. 1937년 모택동은 팔로군 간부들을 대상으로 한 비밀연설에서 "우리의 정책은 국민당과의 抗日통일전선 결성 성공으로 숨 돌릴 시간을 얻었다. … 우리는 금후 우리세력의 70%를 자기 발전에, 20%를 대 국민당 타협에, 10%를 항일 작전에 경주한다"는 투쟁의 계획을 제시했다.

國共合作을 통해 모택동과 중국공산당은 자신들의 생존기반을 확보하는 계기를 만들어 냈으며, 이후 민족해방투쟁의 전략적 구도를 다음과 같이 체계화할 수 있었다.

▲ 1단계(타협단계): 눈을 꼭 감고 표면적으로 국민당 정부에 복종하며 손문의 '三民主義'를 신봉하는 체하여 생존과 발전을 꾀한다.

▲ 2단계(경쟁과 대립단계): 2~3년 동안 정치력과 무장의 기초를 확보하며 국민당 정부와 대항할 수 있는 수준까지 끌어 올린다.

▲ 3단계(공세와 진출단계): 중화지구에 깊숙이 들어가 근거지를 설치하고, 국민당 세력을 고립 시켜 주도권을 쟁취한다.

(인용: 윤상환 著,《제2의 한국전: 가상시나리오》, 2005, 도서출판 메드라인)

이를 통해 중국공산당은 國共合作 과정에서 자신들의 행동원칙을 전술적으로 포기·양보·은폐시킴으로써 국민당 정부와 '抗日연합전선'을 형성, 전략적 세력관계를 정반대로 뒤집어 모택동의 중국공산혁명을 성공시킬 수 있었던 것이다. 중국은 國共合作을 통한 공산화 통일 방안을 이후 대만과 홍콩에도 그대로 적용시켰다. 실제로 중국은 모택동 死後 등소평 시대, 대만통일정책을 '무력통일노선'에서 '평화통일'로 바꾼다. 여기서 구사한 정책이 바로 '1국가 2제도 통일방안'이다. 1979년 1월1일 중국은 '대만 국민에게 보내는 서신'을 통해 1국가 2제도 통일방안을 제안했다. 당시 중국은 이를 구체화해 葉九條[엽구조·1981년 중국 전국인민대표대회 상무위원장이었던 葉劍英(엽검영)이 제안한 '대만평화통일과 관련한 9개조 방침']라는 對대만정책을 내놓았다. 葉九條의 구체적인 내용은 다음과 같다.

▲제3차 國共合作 형식의 조국통일 ▲3통[통상·통합·通郵(통우)], 4류(학술·문화·체육·공예) ▲통일 후 대만은 특별행정구로서 고도의 자치권 부여, 군대를 보유할 수 있고 중앙정부는 대만지방사무소에 간섭하지 않는다 ▲대만의 현행제도 유지 ▲대만당국과 각계의 대표자는 전국 단위의 정치지도자가 된다 ▲대만의 재정은 중앙정부가 보조한다 ▲중국본토 이주희망자는 받아들이고 자유로운 왕래를 허용한다 ▲대만 기업인의 본토 투자를 환영하고, 그 권익을 보장한다 ▲대만 각계의 통일에 대한 제안의 일원화

이상이 葉九條의 내용이다. 북한 정권의 1국가 2제도 통일방안은 바로 이 대만통일방안을 모방한 것이다. 그러나 保守 성향의 대만정부는 대만이 주권국가임을 들어 중국의 대만 흡수 통일방안인 葉九條를 받아들이지 않았다.

北연방제 하에서 남북한 '統一대통령'을 선출하면(?)

남북한 同數(동수)의 대표, 적정수의 해외 동포들로 구성된 '최고민족연방회의'를 기반으로 한 고려연방제 하에서 통일 대통령을 뽑으면 어떤 결과가 나올까?

북한의 평균 투표율은 99%에 달한다. 2011년 7월24일 치러진 북한의 지방인민회의 대의원 선거의 경우 선거자 명부에 등록된 전체 선거자의 99.97%가 선거에 참가, 해당 선거구들에 등록된 도(직할시), 시(구역), 군인민회의 대의원 후보자들에게 100% 찬성투표를 했다. 반면 남한의 최근 투표율은 50~60%(2012년 4월 국회의원 총선거 투표율은 54.2%)로 이마저도 4~5개 정당의 후보들에게 표가 나뉘어진다.

이런 상태에서 통일대통령을 뽑는 남북한 총선거를 하면 북한은 99% 투표율에 북한 후보를 지지하는 100% 몰표가 나오게 된다. 반면 남한은 50~60% 투표율에 여러 후보에게 표가 분산되기 때문에 통일대통령은 자연스럽게 북한 후보가 된다. 국회에서도 북한의 노동당이 제1정당이 될 가능성이 높다.

제 **2** 장

통합진보당의 歷史·구조

1

국내 운동권 4大 계파

국내 左傾세력의 계파별 혁명론 및 혁명전략

NL파	
혁명론	민족해방인민민주주의 혁명(NLPDR)
남한에 대한 시각	• 美帝의 식민지 • 식민지 半자본주의 사회
혁명 전략	美國축출→남한정권 타도→민족자주정권 수립→고려연방제 통일 →한반도 공산 혁명(수령 독재) 완수
최종목표	사회주의·공산 혁명 완수

PDR파 – 제독(反帝·反독점) PD파	
혁명론	마르크스·레닌주의 (PDR: 민중민주주의 혁명, NDR :민족민주주의 혁명)
남한에 대한 시각	新식민지 국가독점 자본주의 사회
혁명 전략	제국주의·국가권력·독점자본 타도→민중연합권력 수립→프롤레 타리아 독재권력 수립·사회주의 혁명 완수
최종목표	사회주의·공산 혁명 완수

PDR파 – 제파(反帝·反파쇼) PD파	
혁명론	마르크스·레닌주의 (PDR: 민중민주주의 혁명, NDR :민족민주주의 혁명)
남한에 대한 시각	新식민지 국가독점 자본주의 사회
혁명 전략	제국주의·국가권력·독점자본 타도→민중연합권력 수립→프롤레타리아 독재권력 수립·사회주의 혁명 완수
최종목표	사회주의·공산 혁명 완수
NDR파	
혁명론	마르크스·레닌주의 (PDR: 민중민주주의 혁명, NDR: 민족민주주의 혁명)
남한에 대한 시각	• 제국주의 예속심화 • 新식민지 국가독점 자본주의 사회
혁명 전략	민족민주혁명·민중정권수립→프롤레타리아 독재 권력수립·사회주의 혁명 완수
최종목표	사회주의·공산 혁명 완수
트로츠키파	
혁명론	국제사회주의혁명론(ISR)
남한에 대한 시각	국가자본주의사회
혁명 전략	노동자계급의 국제연대에 의한 사회주의 혁명 완수
최종목표	사회주의·공산 혁명 완수

*민족해방인민민주주의 혁명(NLPDR): 북한의 대남혁명 노선을 그대로 수용
*국제사회주의 혁명론(ISR): 동구 사회주의권 몰락 후 이론적 대안으로 제시된 트로츠키 혁명론
*국가자본주의 사회: 국가가 국민경제를 통제하며 노동자를 착취하는 세계 체제에 긴밀히 결합된 사회

국내 좌경 세력은 각 계파별 혁명론에 따라 '민족해방파'(NL파, National Liberation), '마르크스·레닌파'(PDR파, People's Democracy Revolution), 'NDR파'(National Democratic Revolution), '트로츠키파'(Trotsky) 등으로 나뉘어져 있다.

▲NL파: 국내 운동권 세력의 대부분을 차지하고 있는 NL파는 북한의 主體思想(주체사상) 추종 여부에 따라 NL주사파(다수파)와 NL비주사파(소수파)로 분류된다. NL파는 남한 사회의 모순을 제국주의(註: 美國) 對(대) 민중의 대립관계로 보고 모든 투쟁에서 항상 '反美자주화'를 기본적 투쟁으로 설정하고 있다. NL파의 혁명론은 '식민지 半자본주의론'과 '민족해방민중민주주의(=민족해방인민민주주의)'로 나뉘는데, 구체적으로 식민지 半자본주의론은 현실 모순의 인식이며, 민족해방민중민주주의 혁명론은 그 모순을 타개하는 방법론이다. 민족해방민중민주주의 혁명론에서는 식민지 半봉건사회, 또는 식민지 半자본주의 사회를 민중혁명으로 타파할 것을 주장하고 있다. NL파는 민족해방민중민주주의 혁명과 관련해 제국주의로부터 해방되는 '민족해방 혁명'과 계급해방을 달성하는 '민중민주주의 혁명'이 독자적이며 통일적 유기체를 이룬다고 본다. 이에 따라 NL파는 혁명 달성을 위해 反美자주화 및 反파쇼민주화, 그리고 자본가 세력을 타도해 남북통일을 달성하는 것을 목표로 하고 있다.

▲PDR파: '민중민주주의 혁명'(PDR·People's Democracy Revolution)을 통해 남한 사회를 사회주의화하려는 세력을 지칭한다. PDR파는 이념적으로 정통 마르크스·레닌주의의 사회·철학적 전통을 중시하며 운동권 내에서는 이른바 '평등파'로 알려져 있다.

PDR파는 남한 사회를 '新식민지 국가독점 자본주의'로 규정하고, 사회변혁 방법으로 민중민주주의(=인민민주주의) 혁명론을 따른다. PDR파는 단일 지도 이념에 따라 통일된 조직(연대·연합체)을 형성하고 있는 'NL주사파 및 NL비주사파'와 다르게 단일 政派(정파)로 존재하지 않으며, 몇 개의 政派가 독립적으로 형성되어 조직적으로 분화된 양상을 띠고 있다.

PDR파는 크게 '제독PDR파'(反帝·反독점 민중민주주의 혁명파)와 '제파 PDR파'(反帝·反파쇼 민중민주주의 혁명파)로 나누어진다. 현재 '제독PDR파'는 NL파에는 못 미치지만 상당수의 세력이 학원계와 노동계, 문화예술계, 학계 등에 포진해 있다.

대체로 남한 혁명운동의 실천영역에서는 NL파가 확고한 헤게모니를 장악하고 있고, 사회주의 이론을 연구·토론하는 영역에서는 PDR파가 상대적으로 우세한 것으로 알려져 있다. 현재 활동 중인 PDR계열 조직으로는 노동자의 힘, 한국노동이론정책연구소(한노정연), 학생운동체로는 학생행동연대(SAS), 인권의정치학생연합(인학련), 대학생사람연대 등이 있다.

▲NDR파: 민족민주 혁명에 의해 남한사회를 공산화시키려는 세력을 지칭한다. NDR파는 과거 民民鬪(민민투·反帝反파쇼민족민주화투쟁위원회) 계열로 알려진 '제헌의회(CA)' 그룹의 後身(후신)격인 혁명적노동자계급투쟁동맹(혁노맹), 남한사회주의노동자동맹(사노맹) 등으로 구체화 되어 사노맹재건위, 전학련(전국학생정치 연합), 들불그룹 등의 조직으로 이어졌다.

▲트로츠키파: 러시아 공산혁명가인 트로츠키(Leon Trotsky)의 혁명노선(영구혁명론)에 입각해 남한 공산화 혁명을 획책하는 국제사회주의 혁명 세력을 지칭한다. 트로츠키 계열의 조직으로는 노동자연대다함께(다함께), 국제사회주의자들(IS), 사회주의학생연합(사학련), 사회주의노동자연합(사노련), 노동해방실천연대(해방연대) 등이 있다. 트로츠키파 조직 중 현재 가장 활발한 활동을 벌이고 있는 단체로는 '다함께'를 꼽을 수 있다. 다함께는 월간 잡지 〈열린 주장과 대안〉, 〈다함께〉를 발행했고,

단체 성장과 정세 변화에 맞춰 주간 신문 〈맞불〉, 〈저항의 촛불〉 등을 발행했다. 현재는 격주간 신문인 〈레프트21〉, 계간 이론지 〈마르크스 21〉 등을 발행하고 있다.

2

통합진보당 略史

통합진보당(통진당)의 前身은 민주노동당(민노당)이며 민노당의 前身은 권영길 前 민노총 위원장이 주도했던 '국민승리21'(1997년 창당)이다. 민노당의 창당은 2000년 1월30일이며, 2004년 총선에서 지역구 2석, 비례대표 8석을 차지해 원내에 진출했다. 당시 민노당의 지역구 당선자는 권영길, 조승수였으며, 비례대표 당선자는 강기갑, 노회찬 등 8명이었다.

2008년 이전까지 당내 세력은 크게 '민족해방'(NL) 계열과 '민중민주'(PD) 계열로 양분되어 있었다. 초창기에는 NL계열이 대의원 숫자 등에서 우세를 보이며 당내 영향력을 행사했다(註: 이러한 당내 노선 차이는 운동권 내에서의 분류일 뿐이다).

민노당은 2008년 1월12일 2007년 대선에서 큰 성과를 못 이룬 책임으로 지도부가 사퇴, PD계열의 심상정을 중심으로 하는 비상대책위원회 체제를 출범시켰다. 그러나 심 씨의 당 혁신안이 부결되면서 심 씨가 같은 해 2월4일 사퇴했다. 이후 비상대책위원장을 사퇴한 심 씨를 대신해 천영세 대표가 민노당을 탈당, 진보신당을 창당했다. 민노당은 2008년 제18대 총선에서 진보신당과의 分黨(분당)에도 불구하고 지역구 2석, 전국구 3석을 확보했다. 이후 2008년 7월 강기갑을 대표로 선출해 체

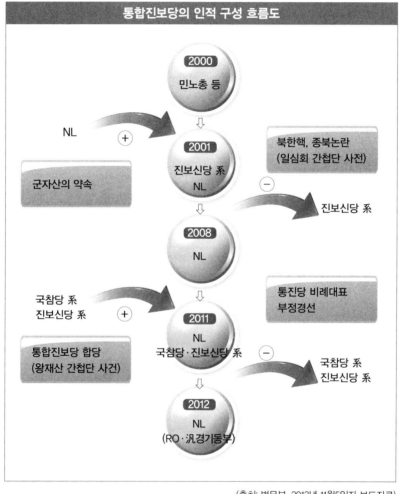

통합진보당의 인적 구성 흐름도

2000
민노총 등

NL (+)

군자산의 약속

2001
진보신당 系
NL

북한核, 종북논란
(일심회 간첩단 사전)

(−) 진보신당 系

2008
NL

국참당 系
진보신당 系 (+)

통합진보당 합당
(왕재산 간첩단 사건)

2011
NL
국참당·진보신당 系

통진당 비례대표
부정경선

(−) 국참당 系
진보신당 系

2012
NL
(RO·汎경기동부)

(출처: 법무부, 2013년 11월5일자 보도자료)

제를 정비했으며, 2010년 민변(민주사회를위한변호사모임) 출신의 이정희(前 주한미군범죄근절운동본부 공동대표)를 중심으로 4기 지도부를 선출했다.

①창당에서 2002년 대선: 민노당의 핵심활동가를 세대별로 보면 1980년 대 운동권과 노동운동을 했던 '新세대 좌파 운동권 2기'라 할 수 있다. 해방직후 조선공산당과 남로당 및 인민당과 근민당, 그리고 건국 이후 의 진보당을 이끈 박헌영, 여운형, 백남운, 조봉암 등이 구세대 좌파 1 기라면, 4·19 이후 전두환 정부까지 좌파 정당들을 이끈 김달호, 윤길 중, 박기출, 고정훈, 김철 등은 구세대 2기이다. 또 민주화운동에 참여 했던 이우재, 이부영, 이재오, 김근태 등은 新세대 좌파 운동권 1기라 할 수 있다.

민노당은 권영길 주도의 민노총을 중심으로 '민족해방'(NL) 계열과 '민 중민주'(PD) 계열 등 다양한 운동권 세력이 참여했는데, 창당에서 2002 년까지 당의 주요 활동은 아래와 같다.

▲민노당의 前身 '국민승리21'로 활동(1997~2000년) ▲1997년 대통 령 선거에서 권영길 출마(1.19% 득표) ▲민노당 창당 및 권영길 당 대 표로 선출(2000년 1월) ▲16대 총선 출마, 출마지역 평균 13.1% 득표 (2000년 4월) ▲北노동당 창건 기념행사 관련 방북(2000년 10월) ▲금 강산 통일 대토론회 참가(2001년 6월) ▲부시 방한 규탄 범국민대회 개최(2002년 2월) ▲노회찬, 정기 당 대회에서 사무총장 선출(2002년 3월) ▲지방선거에서 기초단체장 2명, 광역의원 11명 당선(2002년) ▲ 권영길 대선 출마(2002년)

②2004년 총선 전후: 민노당은 2004년 실시된 17대 총선에서 10명의 국

회의원을 배출하면서 제도권으로 진입했다. 지역구 당선자(2명)는 권영길과 조승수였으며 나머지 8명은 비례대표였다. 총선 직후 시행된 제2기 지도부 선거에서 김혜경이 대표로 선출됐다.

그러나 17대 총선 당시 울산 북구의 음식물 자원화 시설 관련 간담회에서 있었던 조승수 의원의 발언이 문제가 되어 2005년 9월 조 의원이 의원직 상실에 해당하는 대법원 판결을 받았다. 이후 10월(2005년)에 시행된 울산 북구 재선거에서 민노당 정갑득 후보가 한나라당 윤두환 후보에게 패해 전체 의석이 9석으로 줄어들었다.

2004년 총선에서 2007년 대선까지 민노당의 주요 활동을 요약하면 다음과 같다.

▲국군의 이라크 파병저지 민노당 대표단 무기한 농성(2004년 7월) ▲김혜경 당시 민노당 대표가 방북 기간 중 평양 신미리 애국열사릉을 참배. 김혜경은 당시 방명록에 "당신들의 '애국의 마음'을 길이 길이 새기겠다"는 내용의 서명(2005년 8월24일) ▲北사회민주당과의 교류를 위한 지도부 방북(2005년 8월) ▲울산 북구 국회의원 재선거 패배에 대한 책임을 지고 김혜경을 비롯한 순지도부 총사퇴. 이후 민노당은 비상대책위원회(임시대표 권영길) 체제로 운영(2005년 10월) ▲새로운 지도부를 선출하는 당직선거 시행. 대표 후보로 주대환, 문성현, 조승수 세 후보 도전. 이후 문성현·조승수 후보와의 2차 투표 끝에 2006년 2월10일 문성현 후보가 새 대표로 당선(2006년 1월20~24일) ▲제4회 지방선거에서 광역의원 15명(비례 10명 포함), 기초의원 66명 당선(2006년 5월) ▲韓美FTA 중단 국민투표실시 촉구 100만 서명운동(2006년 6월) ▲북한 핵실험 이후 남북관계 해결 명

목으로 민노당 대표단 평양 방문(2006년 10월) ▲권영길이 민노당 내부경선을 통해 대통령 후보로 선출, 대선에서 3% 득표율(712,121표) 기록(2007년 12월)

③2008년 총선 이후: 2008년 총선에서 권영길·강기갑이 지역구 국회의원으로 당선됐다. 비례대표는 곽정숙, 홍희덕, 이정희 세 명의 후보가 당선되어 2004년보다 5석 줄어든 5명의 국회의원이 당선됐다. 총선이 끝난 5월 초부터 韓美 쇠고기 협상 논란이 불거져 나오자, 민노당은 강기갑을 중심으로 정부를 상대로 대대적 투쟁에 들어갔다. 黨 지도부가 일주일 동안 단식농성을 치렀으며, 從北단체들과 연대해 촛불 집회에 참여했다.

2008년 7월 강기갑이 민노당 대표에 선출되고, 이정희가 정책위의장이 되는 등 국회의원단과 긴밀한 연관성이 있는 구조로 당 체제가 개편됐다. 같은 해 10월29일 실시된 재보궐 선거에 4명의 후보가 출마, 여수시 시의원후보 선거에서 김상일이 당선됐다. 2009년 실시된 재보궐 선거에서는 호남 지역에서 1명의 광역의원, 1명의 기초의원을 당선시켰다. 2010년 지방선거에서는 민주당, 국민참여당 등과 함께 야권 후보 단일화에 합의해 인천에서 기초단체장 2명을 배출했고, 36명의 광역의원을 당선시켰다. 같은 해 7월에는 이정희(前 주한미군범죄근절운동본부 공동대표)를 당대표로, 장원섭(前 광주금속노조 부위원장), 김성진(前 평화와참여로가는 인천연대 공동대표), 정성희(前 민노총 대외협력실장), 우위영(前 여중생범대위 문예위원장), 최은민(前 민노총 여성부위원장), 윤금순(前 6·15민족공동위원회 남측 여성본부 공동대표), 이혜선(前 민노총 공공연맹 부위원장), 이영순이 최고위원으로 선출됐다.

2008년 총선~2014년 2월까지 민노당·통진당의 주요 활동을 요약하면 다음과 같다.

▲강기갑 의원, 한미FTA 국회비준 반대 단식(2008년 2월) ▲강기갑 의원, 미국산 쇠고기 수입반대 단식(2008년 4월) ▲미국산 쇠고기 수입반대 길거리 토론회 개최, 촛불집회 참석 이정희 의원 연행(2008년 6월) ▲북한의 조선사회민주당과 정당교류를 한다는 명목으로 평양방문(2008년 11월) ▲제4기 민노당 지도부 선출(2010년 7월) ▲〈경향신문〉이 민노당의 從北행태 비판하자 新聞 絶讀(절독)선언(2011년 7~11월) ▲김선동 의원 韓美FTA 비준저지 위해 국회 본회의장에서 최루탄 터트려(2011년 11월22일) ▲통진당 부정 경선 사건발생 및 대규모 탈당(2012년 3~5월) ▲중앙위원회 폭력 난투극 발생(2012년 5월12일) ▲이정희 2013년 3월 당대표 선출 ▲공안당국, 이석기 의원 내란예비음모 혐의 및 국보법 위반 혐의로 압수수색 실시(2013년 8월28일) ▲수원지법 형사12부(부장판사 김정운), 이석기 의원 등 피고인 7명에게 내란음모, 내란선동, 反국가 단체 찬양 선전 동조, 이적표현물 소지죄를 적용해 모두 유죄 선고(2014년 2월17일)

3

⋮

통합진보당의 人的구성

1) 민주주의민족통일전국연합 계열

북한은 '남조선 혁명'을 전국적 범위에서의 혁명완수를 위한 '지역 혁명'으로 간주해 그 성격을 '인민민주주의 혁명'(PDR)으로 규정하고 있다. 따라서 북한이 말하는 혁명은 어느 경우든 '남조선 혁명의 완수'를 전제로 하고 있다. 남조선 혁명의 당면 목표는 現 대한민국 정부를 전복하고 공산계열이 주도하는 '민주연합정부'라는 이름의 인민정권을 수립하는 것이다.

이 같은 1단계 혁명 목표를 달성하기 위한 '혁명역량 강화의 전략적 구상'으로는, 우선 남한 내에 마르크스·레닌주의 당을 건설하며 그 주위에 노동자·농민을 결속시켜 '혁명의 주력군'을 편성하고 보조역량을 동원하는 방법으로 통일전선을 형성하는 것이다.

이를 위한 통일전선 형성은 下層(하층) 통일을 위주로 하면서 上層(상층) 통일을 밀접히 결합시키는 것을 원칙으로 하고 있다. 이는 통일전선의 대상으로 삼은 남한의 정당·사회단체 내의 하층 군중들과 하층 통일전선을 우선 형성하고, 그 정당·사회단체 내의 지배층과 상층 통일전선을 형성해 上과 下를 결합시킨다는 전략이다.

북한은 이처럼 남북이 분단된 이후 일관되게 남조선 혁명을 추진해왔으며, 그 결실로서 노골적으로 사회주의를 지향하는 민노당이 2000년 1월 제도권에 진입한 것으로 공안당국은 파악하고 있다. 실제로 2004년 6월 실시된 당대회(제1기 지도부 선출)에서는 NL계열이 주도하는 민주주의민족통일전국연합(전국연합) 출신 활동가들이 민노당 지도부를 장악했다.

오종렬 한국진보연대
총회의장

전국연합은 2006년 '한국진보연대'가 출범하면서 조직이 사실상 해체됐다. 공식적인 해산 시기는 2008년으로 알려져 있다. 전국연합은 吳宗烈(오종렬, 現 한국진보연대 총회의장)이 16년간 조직을 이끌었다. 吳 씨는 1965년 광주사범고등학교를 거쳐 전남대학교(교육학 학사)를 졸업하고 軍복무 후 교사가 된 인물이다. 1987년 전교조의 前身인 전국교사협의회(전교협) 출범에 가담, 이후 전교조 출범에 주도적인 역할을 하면서 전교조 광주광역시지부 초대 지부장 등을 지냈다. 吳 씨는 전국연합 상임의장으로 활동하며 ▲2002년 효순이·미선이추모여중생범대회 ▲2004년 탄핵무효부패정치청산 범국민행동 ▲2005년 反부시국민행동, 전용철범대위, 평택범대위 ▲2006년 한미FTA저지범국민운동본부 등의 단체에서 공동대표로 활동했다. 전국연합의 활동은 극렬했다. 2005년 자료집(제15기)에 따르면 한 해(2005년) 780번의 집회와 시위, 기자회견 등 행사를 치렀다고 기록되어 있다. 쇠파이프, 죽창, 쇠창, 밧줄과 갈고리 등이 동원되고 지휘부의 격렬한 '선동'이 가미되어 '폭동'으로 끝이 났다.

전국연합은 2001년 9월22~23일 충북 보람원수련원 '민족민주전선일꾼전진대회'에서 〈3년의 계획, 10년의 전망 광범위한 민족민주전선 정당 건설로 자주적 민주정부 수립하여 연방통일조국 건설하자〉면서 이른바 '9월 테제'(별칭: 君子山의 약속)를 채택했다.

당시 吳宗烈은 "자주적 민주정부를 수립하고 연방통일조국을 실현하는 힘은 우리 위대한 민중들에게 있지만 그들의 힘을 하나로 모으는 것은 굳건한 민족민주전선"이라고 주장했다.

그는 또 "식민지 지배질서가 온전하고 있는 우리 사회에서 숱민중의 전면적 항쟁은 미국의 식민지배와 분단장벽을 허물고 '자주'와 '민주', '통일'의 새 세상을 안아올 수 있는 지름길"이라며 소위 식민 지배 상태에 있는 남한을 해방, 남북연방제로 통일하자고 선동했다.

당시 대회에서 전국연합은 '낮은단계 연방제를 거친 후 자주적 민주정부를 수립해 연방통일조국을 건설할 것'을 주장했다. 구체적으로 단체는 '낮은단계 연방제'에 대해 ▲평화협정 체결을 통한 주한미군 철수 ▲국보법 철폐로 남북 連帶(연대)·聯合(연합) 합법화 ▲남북 諸정당사회단체 연석회의를 통한 민족통일기구 구성 등이 기초가 될 것이라고 밝혔다.

'연방통일조국 건설'에 대해서는 ▲북한의 '사회주의혁명역량'과 미국의 '제국주의세력'의 대결에서 사회주의혁명역량이 승리하고, 남한 내 '민족민주전선역량'이 '親美예속세력'의 대결에서 민족민주전선역량이 승리한 뒤, ▲남한 내 '민족민주전선역량'의 反帝鬪爭(반제투쟁)이, 북한의 '사회주의혁명역량'이 승리의 기선을 잡은 反帝戰線(반제전선)에 加勢(가세)·結集(결집)하는 양상으로 전개될 것이라고 주장했다. '전국연합'은 이

통진당의 이석기 의원은 19대 총선 이후인 2012년 4월20일 자신의 트위터(bluesky21sk)에 한국진보연대(민주주의민족통일전국연합 후신단체)를 방문한 사진을 게재했다. 그는 한국진보연대가 "제 마음 속의 동지들"이라고 밝혔다.

를 위해 2005년 사업목표로 "6·15공동선언 5돌, 광복 60년, 미군점령 60년을 맞아 2005년을 자주통일의 원년, 주한미군 철수 원년으로 맞이하자"고 결의했고, 2004년 사업목표로 "美帝 식민지배체제의 결정적 해체, 6·15선언이행을 앞당겨 連北(연북)·連共(연공)의식의 대고조 이룰 것, 事大賣國(사대매국)세력 한나라당 박살, 국보법·利敵규정·主敵규정 철폐" 등을 결의했다.

"군자산의 약속을 잊지말자"는 주장은 전국연합 문건에서 흔히 발견된다. 吳宗烈은 2006년 3월11일 전국연합 대의원대회에서 "군자산의 약속을 동지들은 이 해 안에 기필코 이행할 것"이라며 "약속은 지켜야 한다. 이것이 오늘 우리가 이 자리에 선 단 하나의 이유"라고 말했다. 전국연합 출신의 활동가들은 이후 민노당을 장악했으며, 단체의 前現職(전현직) 간부들 다수가 정치권으로 진출했다. "북한의 사회주의 혁명역량에 가세·결집"하는 연방제 통일을 하자고 했던 전국연합 출신들이 장악한 조직들을 진보나 좌파라 할 수 없다. 통진당의 주도세력은 대한민국이 한반도의 유일 合法(합법)국가라는 역사적 정통성을 부정한다. 따라

민주주의민족통일전국연합 산하 단체

민주주의 민족통일 전국연합	부문단체	전국농민회총연맹, 한국대학총학생회연합, 전국민족민주유가족협의회, 전국여성농민회총연합, 민족자주평화통일중앙회의, 한국청년단체협의회, 사월혁명회 (총7개)
	지역연합	민주주의민족통일서울연합, 민주주의민족통일경기남부연합, <u>민주주의민족통일경기동부연합</u>, 민주주의민족통일인천연합, 민주주의민족통일대전충남연합, 민주주의민족통일광주전남연합, 민주주의민족통일서부경남연합, 민주주의민족통일대구경북연합, 민주주의민족통일부산연합, 민주주의민족통일울산연합, 김제민주운동연합, 민주주의민족통일전주완주연합 (총12개)
	참관단체	전국민주노동조합총연맹, 민주화를위한전국교수협의회, 한국민족예술인총연합, 한국노동운동협의회, 민주화실천가족운동협의회, 민족사회운동연합, 자주민주통일미주연합, 전국불교운동연합 (총8개)

(출처: 전국연합 10기 대의원자료)

서 이들은 憲政질서를 부정하는 從北주의와 反美주의를 이데올로기화
한 계급투쟁세력일 뿐이다.

2) 경기동부연합 계열

전국연합의 後身(후신) 단체인 한국진보연대는 2008년 5월6일 '광우
병국민대책회의'를 주도했다. 전국연합은 운동권 세력의 '단일연대체'였
기 때문에 단체 산하에 지역조직이 존재했다. 통진당의 舊당권파로 알
려진 '경기동부연합'도 전국연합의 지역조직 중 하나였다. 실제로 전국
연합 10기 대의원 자료에 따르면 전농(전국농민회총연맹)·전여농(전국여성농
민회총연합)·한총련 등과 함께 서울연합·강원영서연합·경기동부연합·경

기남부연합·광주전남연합·대전충남연합·대구경북연합·부산연합·서부경남연합·울산연합·인천연합이 소속됐다.

외국어대(외대) 용인캠퍼스 운동권 출신으로 엮인 경기동부연합 활동가들은 1990년대 초반부터 성남의 청년단체에 진출해 勢(세)를 넓혔고, 그로부터 20여년 만인 지난 4·11총선에서 이 지역 국회의원까지 배출했다.

경기동부연합 출신들이 활동한 대표적 성남지역 청년단체는 '터사랑청년회'(1989년 창립)였다. 통진당 이석기 의원(외대 용인캠퍼스 82학번), 우위영(〃 84학번, 이석기 의원 보좌관), 한용진 前 경기동부연합 공동의장(〃 84학번), 김미희 의원(성남 중원, 서울대 84학번) 등이 이 단체 회원이었다. 한용진의 경우 이석기 의원이 활동했던 민혁당 경기남부위원회의 하부 조직원이기도 했다. 역시 경기동부연합에 가담했던 정형주 前 민노당 경기도당위원장(외대 용인캠퍼스 84학번)은 '성남청년회'에서 활동했다(인용: 2012년 5월19일자 〈조선닷컴〉). 1995년 이 단체의 회장을 지낸 그는 2008년 18대 총선에서 당시 민노당 후보로 성남 중원에 출마했으나 낙선했다.

3) 민족민주혁명당 계열

통진당의 이석기 의원이 연루됐던 민족민주혁명당(민혁당)은 1999년 국정원에 의해 그 전모가 밝혀진 NL계 주사파 지하혁명 조직이다. 민혁당의 뿌리는 1980년대 후반 결성된 '반제청년동맹'이다. 반제청년동맹은 1987년 2월 검찰수사로 조직원들이 검거됐음에도 불구하고, 1991년까지 반제청년동맹 중앙위원회 이름의 유인물이 학원가에서 발견됐다. 반제청년동맹은 1992년 3월 민혁당으로 개편됐다. 중앙위원은 김영환(現

북한민주화네트워크 연구위원), 하영옥, 朴 모씨 등 3명이었다. 김영환의 권유로 반제청년동맹에 가입했다가 민혁당에 합류, 1996년까지 활동했던 홍진표(前 사단법인 시대정신 상임이사)의 회고에 따르면 김영환은 민혁당 결성 당시 재야와 전북위원회를 관장했고, 하영옥은 영남위원회(영남위, 민혁당 산하조직)와 경기 남부지역을 관장했다 한다. 영남위 산하에는 부산위원회, 울산위원회, 마산·창원·진주 지부가 있었다. 김영환은 1991년 5월 잠수정을 타고 북한으로 밀입국해 김일성을 직접 만나보는 등 북한사회를 체험한 후 북한체제에 회의를 갖기 시작했다. 이후 그는 북한과 거리를 두면서 민혁당 내부에서 기관지 기고를 통해 '수령론', '한국식민지론', '프롤레타리아독재론' 등에 대해 단계적으로 문제제기를 해나갔다. 결국 민혁당 내부에서 북한체제에 대한 태도를 둘러싸고 노선투쟁이 격화되자 김영환은 1997년 7월 하영옥의 반대에도 불구하고 중앙위원회에서 표결 끝에 2대 1로 민혁당의 해체를 결의했다. 하영옥은 이에 반발, 김영환 그룹을 배신자로 낙인찍고 자신이 관리하던 영남위원회, 경기남부 조직, 대학생 조직 등을 이끌고 민혁당의 재건을 추진했다.

김영환의 민혁당 이탈 3개월 후 울산에서 부부간첩사건이 일어났다. 북한의 사회문화부 소속 남파간첩인 최정남·강연정 부부는 1997년 7월 평남 남포항에서 어선으로 위장한 공작선을 타고 서해의 공해상을 통해 남하, 8월 초 거제도 해안에서 헤엄을 쳐서 상륙했다.

이들은 10월27일 민주주의민족통일전국연합(전국연합) 산하 울산연합 소속 활동가인 정○○에게 접근했다 현장에서 검거됐다. 정○○은 최정남 부부가 자신에게 접근해 온 것을 안기부의 공작으로 오인하고, 이들을 경찰에 신고했다. 최정남은 현장에서 체포되고 妻 강연정은 독약을 먹고 병원에 실려 갔으나 사망했다. 최정남의 체포로 서울대 사회학과

명예교수 高永復(고영복, 2011년 2월24일 사망)이 고정간첩이라는 사실이 드러났다. 이 사건을 계기로 정대연은 당국의 계속적인 감시를 받던 중 이른바 영남위원회 사건이 발각되어 다른 관련자들과 함께 검거됐다. 부산경찰청 보안수사대는 1998년 7월 박○○, 김○○, 정○○ 등 울산지역 노동·시민단체 회원 16명을 국보법 위반 혐의로 긴급체포해 조사를 벌이고 있다고 발표했다. 이들의 혐의는 1989년 서울대에서 반제청년동맹을 결성한 뒤 1992년 영남위원회를 조직, 부산과 울산의 노동현장에서 利敵표현물을 배포하고 불법파업을 선동한 것이었다.

영남위원회는 김영환이 민혁당을 해체한 다음 하영옥에 의해 조직된 민혁당의 하부조직이다. 다만 영남위원회가 민혁당과 관련이 없는 독자 조직 내지 반제청년동맹의 하부조직인 것처럼 발표된 데는 당시까지 수사당국이 민혁당의 존재를 몰랐기 때문이다.

홍진표 씨의 증언에 따르면 부부간첩이 정대연에게 접근했을 때 그들은 "김영환의 소개로 찾아왔다"고 말했기 때문에 당국은 김영환의 집에 대한 압수수색을 실시했다. 우연히도 김영환은 그 때 중국에 체류하고 있었다. 공안당국은 부부간첩이 상부의 지시로 편의상 김영환의 이름을 거론했다는 결론을 내려 김영환의 밀입북과 민혁당에 대해서는 알아내지 못했다. 민혁당의 단서가 포착된 것은 그로부터 약 1년 반 후인 1998년 12월 남해상에서 해군에 격침된 북한의 對南공작용 半잠수정이 인양되면서부터였다. 잠수정 안에 전화번호가 적힌 수첩과 위조 주민등록증 등 남파간첩의 유류품이 발견되었기 때문이다. 북한은 김영환이 "수령론은 거대한 사기극"이라는 등 북한 비판을 가하고 연락도 단절하자 하영옥을 그의 대타자로 지목하고 공작원을 남파, 하영옥과 접촉케 함으로써 민혁당을 지도·검열코자 했다.

북한 공작원과 만난 하영옥은 같이 越北(월북)하려 했으나 사정이 여의치 않아 공작원만 북측으로 귀환하려다가 그가 탄 공작선이 격침된 것이다. 국정원은 잠수정 안의 공작원 시신에서 하영옥과 관련된 문서와 사진들이 나오자 그를 24시간 밀착 감시, 그와 접촉하는 민혁당 관계자들을 파악하게 됐다. 중국에 체류 중이던 김영환은 1999년 8월 잠수함 침몰로 민혁당의 실체가 당국에 파악된 줄을 모르고 귀국했다. 그는 자신의 밀입국 사실 정도를 수사당국에 자백할 생각이었으나 조사를 받는 과정에서 민혁당 관련사실을 당국이 파악한 것을 알아차리고는 〈월간 말〉지와의 인터뷰를 통해 간첩사건이 조작되고 있다고 주장하고 8월19일 출국하려다가 체포됐다. 그가 기자회견을 한 것은 민혁당 관련자들에게 도피하라고 경고하기 위해서였다. 당황한 수사당국은 의도적으로 잡지 않고 있던 하영옥과 沈載春(심재춘, 대학강사)을 1999년 8월19일과 20일 긴급히 체포하게 된다.

국정원은 하영옥·심재춘을 긴급체포한 지 한 달 후인 1999년 9월, 1980년대 학생 운동권에서 이른바 '주사파'로 활동한 핵심들이 북한에 포섭되어 조선노동당에 가입한 뒤, 남한 내 지하당인 민혁당을 구축한 사실을 밝혀냈다고 발표했다. 국정원은 격침된 북한 半잠수정에서 발견된 유류품을 단서로 민혁당의 실체를 밝혀내고, 총책 김영환을 비롯, 조유식, 하영옥, 심재춘, 김경환 등 5명을 국가보안법 위반 혐의로 구속했다고 밝혔다.

국정원은 이들 가운데 김영환과 조유식의 경우 잘못을 뉘우치고 수사에 협조해온 점을 고려해 公訴保留(공소보류) 의견으로, 하영옥·심재춘은 起訴(기소)의견으로 각각 검찰에 송치하고, 김경환에 대해서는 계속 수사 중이라고 밝혔다. 국정원은 1980년대 학원가에 '강철 시리즈'를 배포해 '주체사상 이론가'로 알려진 김영환은 1989년 7월 남파간첩 윤택림(북한 대외연락부 5과장)에게 포섭되어 노동당에 입당한 뒤, 대학 후배인 조유식과 함께 1991년 5월 강화도 해안에서 북한 半잠수정을 타고 황해도 해주로 入北했다고 밝혔다.

두 사람은 북한에서 14일 동안 머물며 김일성과 두 차례 면담하고 훈장을 받은 뒤 서해를 거쳐 제주도 인근 해안으로 되돌아왔다. 김영환은 1991년 8월 북한 공작원이 매설한 강화군 외포리 해안 드보크에서 美貨(미화) 40만 달러와 권총 2자루, 무전기 3대, 난수표 등을 확보한 뒤, 1992년 3월 북한의 지령대로 주사파 조직인 반제청년동맹을 주축으로 민혁당을 결성하고, 이어 1992년 대통령 선거동향 등을 수집해 북한에 보고했다. 그는 이 공작금으로 1996년 총선 때 출마한 李 모씨, 1995년 지방자치단체 선거 때 구청장으로 출마한 金 모씨 등 6명에게 1인당 500만 원 씩 모두 4500만 원을 선거자금으로 건넸다. 반성문을 쓰고 公訴保留된 김영환은 이후 북한민주화네트워크(북민넷)를 결성해 북한인권운동에 투신했다.

한편, 민혁당의 경기남부위원회 위원장으로 활동했던 이석기는 민혁당 사건이 발표되자 지하로 잠적, 3년 동안 수배생활을 하다 2002년 5월 공안당국에 의해 검거됐다. 이석기는 법정에서 징역 2년6월이 확정된 상태로 복역하다 노무현 정부 시절인 2003년 광복절 특사로 풀려났다. 이후 이석기는 인터넷매체 〈민중의 소리〉 이사 및 '사회동향연구소' 대표(2012년 2월 대표직 사퇴) 등을 맡아 활동하다 통진당 비례대표 경선을 통해 19대 국회에 진출했다.

4

통합진보당의 주요기관 현황

법무부 〈위헌정당 심판 참고 자료(2013년 11월)〉 요약

가. 주요 당직자 현황

○ 중앙당 간부

직명	성명
대표	李正姬(이정희)
원내대표	오병윤
최고위원	김승교, 민병렬, 안동섭, 유선희, 李貞姬(이정희), 정희성, 최형권
사무총장	안동섭
정책위의장	이상규
대변인	홍성규, 김재연
고문	김귀식, 김윤환, 남상헌, 문성현, 박순경, 배종렬, 윤정석, 조영건, 천영세

○ **시도당 위원장**

   – 서울시당위원장(정태홍), 인천시당위원장(신창현)

○ **보좌관**

   – 김기창(김미희 의원 보좌관), 김배곤(김재연 의원 보좌관), 이승헌(이상규 의원 보좌관), 우위영(이석기 의원 보좌관)

나. 통진당 내외곽 기관 현황

○ **통진당의 내외곽 기관**

○ **진보정책연구원: 싱크탱크**

   – 국고보조 정책연구소로 2012년 7억6800만원의 국고보조금 수령

     *소장(이상규) · 부원장(박경순) · 이사(이의엽)는 민혁당 출신, 정책기획실장(최기영)은 일심회 사건 관련자로 당권파가 연구원 장악 후 강령해설서《21세기 진보적 민주주의》 등 발간

○ **CNP 그룹: 통진당 선거전략 및 기획, 온라인 선전조직**

- **설립:** 2005년 2월 이석기가 'CNP전략그룹'을 설립한 후, 계열사로 '길벗투어'(여행), '사회동향연구소'(여론조사), '문화기획 상상'(기획), 'CN 커뮤니케이션즈' 설립

  *이석기는 2012년 통진당 비례대표 후보로 출마하면서 2012년 3월7일 CNP전략그룹 대표에서 사임하고, 위 4개 계열사를 총괄하는 'CNP그룹'(대표 조양원, RO)을 새로 설립

- **역할:** RO의 재정·기획 담당, SNS를 통한 온라인 선전술 지원, 총선·대선·교육감 선거·총학생회 등 각종 선거 지원

- 통진당은 'CNP 그룹'을 통해 선거혁명의 전초기지, 즉 혁명투쟁의 교두보를 구축했고 '진보정당의 선거투쟁'에 기여하는 역할을 했다.

○ **사회동향연구소(대표 조양원): 여론조사**

  *통진당의 배후조직 RO의 선전·기획 업무를 담당하는 'CNP 그룹'의 계열사

○ **민중의 소리(前 대표 윤원석): 인터넷 매체**

  *경기동부연합 출신의 이석기(국회의원)가 이사, 이용대(前 민노당 경기도당 위원장)가 편집장 출신

다. 지자체 산하기관 등 지역사회 진출 현황

○ **지역사회 진출배경**

- 대남혁명전략에 따라 대중을 동원해 혁명역량을 확충하는 전술

로 지역사회 깊숙이 침투해 봉사 이미지를 통해 대중적 지지기반 확충

*야학, 방과 후 학교, 직업학교에서 최근에는 지역사회 '사회적 기업'으로 진출

○ **지자체 산하 기관장 진출**

- **통진당 진출 현황**: 지자체 산하 단체장이나 지자체의 예산 지원을 받는 사회적 기업 및 단체에 진출한 통진당 관련 인사는 38명

  *근로자복지센터, 사회적경제지원센터 등 지자체 산하단체장(14명), 정부 및 지자체 지원의 사회적 기업 대표 등 임원(14명), 지자체에서 예산 지원을 받는 민간단체 소속(10명)

- **성남시**: 2010년 지방선거 당시 이재명(민주당)과 김미희(민노당)의 후보 단일화 후, 2011년 3월 '나눔과 환경'은 성남시 신규 민간위탁 청소 용역업체로 선정 등 특혜 논란

  *대표이사는 한용진, 사내이사는 윤용배(통진당 대외협력위원회 위원)·정형주(성남시 중원구 지역위원장, 한국민족민주인터넷방송 대표)·김영욱(前 진보정치연구소 부소장)·송호수(CNC이사) 등으로 모두 경기동부연합 출신

- **하남시**: 2010년 지방선거 당시 이교범(민주당)과 김근래(민노당)이 후보 단일화 후, 김근래는 2011년 '환경하남의제21실천협의회' 회장으로 선출

  *지방선거 이후 '환경하남의제21실천협의회', '문턱없는 밥집 다래', '하남평생교육원', '장난감도서관' 등을 각각 설치, 민노당에 운영권을 일임

- **수원시**: 2010년 지방선거 당시 염태영(민주당)과 김현철(민노당)의 후보

단일화 후, 이상호는 '수원시 사회적 경제지원센터장', 한동근은 '수원새날의료생활협동조합 이사장'

라. 차세대 左傾세력 양성 현황

○ **통진당 학생위원회**

- **연혁:** 민혁당 '청년운동사업부'→ 2003년 3월 민노당 '학생위원회'→ 2012년 1월 통진당 '학생위원회'
- **한대련과 연관성:** 통진당 학생위원회는 대부분 '한대련(21세기 한국대학생연합)' 소속으로 '5·12중앙위 폭력사태' 등에 등장

○ **통진당 청소년특별위원회**

- **연혁:** 민혁당 '고등학생사업부'→ 민노당 '청소년위원회'→ 통진당 '청소년특별위원회'
- **청소년단체 '희망'과의 연관성:** 통진당 청소년특별위원회는 대부분 '희망' 소속으로 '5·12중앙위 폭력사태', '국정원 규탄 시국회의' 등에 등장

  *희망: ▲1995년 서울의 5개 청소년 단체가 모여 '서울지역 청소년단체연합'을 결성 ▲2000년 11월 '희망'이라는 단일조직 구성 ▲2003년 10월 사단법인으로 등록(이수호 前 전교조 위원장이 이사장, 전교조 소속 교사들이 '희망' 이사진에 참여)

- **해체문제:** 2012년 6월 중앙위 폭력사태에 청소년위원회가 개입했다는 내용이 포함되자 혁신비대위는 중고생 당원의 권한 박탈과 출당 조치를 결의, 안동섭 등 당권파 반발

RO의 통합진보당 장악 현황

구 분	성 명
국회의원	이석기, ○○○, △△△
주요 당직자	○○○(최고위원), ○○○(대변인), ○○○(대외협력위원회 위원), ○○○(청년위원회 위원장), ○○○(선거관리위원장)
보좌관	○○○(이석기 보좌관), 김□□(김○○ 보좌관), 김▽▽(김○○ 보좌관), △△△(김○○ 보좌관), 김◇◇(김○○ 보좌관)
진보정책 연구원	○○○(前 부원장)
지원기관	조양원(사회동향연구소 대표), ○○○(CNC 대표), ○○○(나눔과 환경 대표), ○○○(민중의 소리 전신 한국민족민주인터넷방송 대표이사), ○○○(나눔과 환경 본부장), ○○○(CNC 사내이사)
시도당 위원장 지역위원장	김홍열(경기도당 위원장), 김근래(경기도당 부위원장), 홍순석 (경기도당 부위원장), 정△△(○○시 ○○구 위원장), 백△△(○○시 ○○갑 위원장), 최△△(○○ 위원장), 김△△(○○갑 위원장), 최▲▲(○○을 부위원장), 김○○(○○을 위원장)
기 타	이상호(수원시 사회적경제지원센터 센터장), 한동근(수원 의료복지 사회적협동조합 이사장) 등 32명

(법무부, 2013년 11월5일자 보도자료)

제 **3** 장

통합진보당의 목적
법무부 〈위헌정당 심판 참고 자료(2013년 11월)〉 요약

1 통합진보당의 강령

2 통합진보당의 역대 大選공약

3 통합진보당의 진보적 민주주의 解說

4 주요 당직자 문제 발언

1

통합진보당의 강령

가. 정치: 자주적 민주정부, 진보적 민주주의 실현

○ **통진당 강령**

- "통합진보당은 일하는 사람이 주인되는 자주적 민주정부를 세우고, 민중이 정치·경제·사회·문화 등 사회생활 전반의 진정한 주인이 되는 진보적인 민주주의 사회를 실현하겠다(강령 序文)"라고 규정

○ **통진당 강령 해설 자료집**

- **출처**: 진보정책연구원 《통합진보당 강령 해설 자료집》, 2012년 8월 발간
- **민중을 위한 정당**: "통합진보당은 노동자 농민 등 기층 민중들을 당의 기둥으로 삼는다. 소수 특권 세력은 통합진보당의 주인이 될 수 없다. 바로 이 점에서 다른 정당들과는 분명히 차별화"라고 설명

– 민중주권: "일하는 사람이 주인 되는 자주적 민주정부는 정치 경제
　　적 특권 세력들이 정권에서 완전히 물러나고"라고 설명

　○ 분석
　통진당의 '민중주권' 주장은 노동자, 농민, 근로 인테리에게 주권이 있
고, 민중이 정치권력의 중심이 되는 북한의 인민주권과 동일

쟁점	통진당 강령	북한헌법(2009) 주체의한국사회변혁운동론(2003)
민중주권·자주적 민주정부	▲ 일하는 사람(민중)이 주인 되는 자주적 민주정부 수립 (강령 序文) ▲ 민중이 정치·경제·사회·문화 등 사회생활 전반의 진정한 주인이 되는 진보적인 민주주의 사회를 실현 (강령序文)	▲ 조선민주주의인민공화국의 주권은 노동자, 농민, 근로 인테리와 모든 근로인민에게 있다(헌법4조) ▲ 자주적인 민주정권은 절대 다수 민중에게 민주주의를 실시하는 참 다운 민주정권이 되는 것이다(주체의 한국사회 변혁운동론 77면)

나. 경제: 생산수단의 소유구조 다원화, 공공성 강화

　○ **통진당 강령**
　– "국가 기간산업 및 사회 서비스의 민영화 추진을 중단하고, 국공유
　　화 등 사회적 개입을 강화해 생산수단의 소유구조를 다원화하며
　　공공성을 강화한다(강령 제11조)"라고 규정

　○ **통진당 강령 해설 자료집**
　–"소수 특권 계급의 정치경제적 특권들을 절대로 허용하지 않고 비타

협적으로 싸워 일하는 사람들의 정치경제적 이익을 수호한다"라고 설명

○ **분석: 민중중심의 자립경제, 사회주의 추구**

- **강령개정**: 민노당 시절보다 사회주의적 요소가 탈색된 듯 보이나 합 당과정에서 대외적 이미지를 고려하여 희석시킨 것에 불과

  *<u>'사회주의 지향', '생산수단의 사회화', '일정규모 이상의 토지 국유 화', '美제국주의 비판' 등의 용어는 삭제되었다. 그러나 과거 민노당 시절 당의 중심세력은 PD계열로 정통 사회주의(마르크스·레닌주의)를 추구하는 세력이었으나, NL계열이 당권을 장악한 후 '진보적 민주 주의'로 변경</u>

- **민중중심의 자립경제**: 일하는 사람이 주인이 되는 '민중주권' 수립을 추구하면서, 민중이 소수의 특권계급과 비타협적으로 싸워 정치적 특권뿐만 아니라 경제적 특권까지도 빼앗으려는 것임

- **사회주의 추구**: 통진당이 사회주의 지향의 '진보적 민주주의'를 추구 하고 있는 점을 고려하면, 결국 북한식 '사회주의적 형태의 경제질 서' 도입

쟁점	통진당 당헌 및 강령	북한헌법(2009)
경제	▲ 국가 기간산업 및 사회 서비스의 민영화 추진을 중단하고, 국공유화 등 사회적 개입을 강화해 생산수단의 소유구조를 다원화하며 공공성을 강화(강령 11조)	▲ 생산수단은 국가와 사회협동단체가 소유(헌법 20조) ▲ 나라의 모든 自然富源(자연부원), 철도, 항공운수, 체신기관과 중요 공장, 항만, 은행은 국가만이 소유(헌법 21조)

다. 통일: 비핵평화체제와 연동된 주한미군 철수, 자주적 평화통일

○ **통진당 강령**

- "휴전협정을 평화협정으로 대체하는 등 한반도·동북아의 비핵평화체제를 조기에 구축한다. 이와 연동해 주한미군을 철수시키고 종속적 한미동맹 체제를 해체한다(강령 제44조)"라고 규정

○ **통진당 강령 해설 자료집**

- "북한의 핵능력 강화라는 현실을 반영하면서도 비핵화를 우선에 둔 단계적 해법이 아니라 평화협정 체결 등과 병행하는 일괄타결을 조속 추진"이라고 설명

○ **분석: 주한미군 철수 주장, 북핵 자위성 인정**

- **강령개정:** 민노당 시절에는 핵무기 완전철거를 주장했으나 통진당 강령은 주한미군 철수와 한반도 비핵화 연동으로 북핵보유 정당화

- **북한의 적화통일 전략인 주한미군 철수 등 주장:** 북한이 남한의 주체사상화와 공산주의 사회 건설의 前단계로 주장하는 ▲연방제 통일 ▲한미군사동맹 분쇄 ▲주한미군 철수 ▲평화협정 체결 등을 주장

  *대법원은 '연방제 통일, 주한미군 철수, 평화협정 체결 등을 강령에 편입한 범민련 남측 본부를 이적단체"라고 판시(대법원 2008년 4월 17일, 선고2003도758 판결)

- **북한의 핵무기 개발·보유에 동조:** 북한의 핵무기 개발을 용인하고 '주한미군 철수'와 '북한의 핵무기 철거'를 일괄타결하자는 것은 미군

철수 時까지 핵무기 개발과 보유를 정당화 하려는 의도임

쟁점	통진당 당헌 및 강령	주체의 한국사회변혁운동론(2003)
통일	▲ 휴전협정을 평화협정으로 대체하는 등 한반도, 동북아의 비핵평화체제를 조기에 구축한다. 이와 연동해 주한미군을 철수시키고 종속적 한미동맹체제를 해체(강령 제44조)	▲ 첫째, 주한미군의 축출과 미핵기지, 군사기지 철폐, 한미연합사 해체(56면)

라. 現 체제 부정 및 새로운 국가 건설

○ **통진당 강령**

– "대표적 반민주 악법인 국가보안법을 비롯해 반민주 제도와 악법을 폐지하고, 국정원, 기무사 등 특수권력기관의 시민생활 침해, 사찰 행위를 전면 금지하며, 민주적 통제를 강화(강령 제5조)"라고 규정

○ **통진당 강령 해설 자료집**

– **현 체제 부정:** "어느 정당과 달리 우리 사회의 근본적 변화를 추구한다. 이렇게 거꾸로 된 사회구조를 바로 세워"라고 설명

– **국가변혁:** 黨 대선공약 등에 의하면 집권 후 제헌의회 소집 및 국가기구 해체 주장

○**분석결과: 국보법 폐지 등 우리 사회 체제 변혁**

– **국보법 폐지:** 통진당은 우리 사회를 근본적, 구조적으로 변경할 것을

천명하면서 '국가보안법' 등은 우리 체제 유지를 위한 제도와 법령 폐지 주장

- **체제부정:** 소수 특권계층의 정치적 특권을 절대로 허용하지 않고 '비타협'을 강조해 체제 내에서의 변화가 아니라 대남 혁명의 일환으로 우리 사회를 근본적으로 변혁

쟁점	통진당 당헌 및 강령	주체의 한국사회변혁운동론(2003)
現 체제 변혁	▲ 대표적 반민주 악법인 국가보안법을 비롯해 반민주 제도와 악법을 폐지하고(강령 제5조)	▲ 사회정치생활의 민주화를 위해서는 안전기획부와 기무사를 비롯한 모든 파쑈기구들을 해체하고, 파쑈적인 경찰 사법제도를 민주주의적으로 개혁하며, 국가보안법, 노동법을 비롯한 파쑈적 악법들을 폐기하고 … 파쑈적인 정당단체들을 해체하고 … (80면)

통합진보당 강령 全文

2012.05.04. 강령개정위원회
2012.05.10. 전국운영위원회

일하는 사람이 주인 된 세상을 향하여 (序文)

통합진보당은 갑오농민전쟁과 의병운동, 3·1운동과 민족해방운동·노동해방운동, 4·3민중항쟁, 4·19혁명, 부마항쟁과 5·18민중항쟁, 6월 민주항쟁과 7·8·9월 노동자 대투쟁, 촛불항쟁 등 도도히 이어져온 민중의 저항과 투쟁을 계승하는 정당이다.

통합진보당은 우리나라와 세계 진보 운동의 이상과 역사적 성과를 비판적으로 계승하고 자본주의 폐해를 극복하며 자주·평등·평화·자유·복지·생태·인권·소수자권리·연대 등 다양한 진보적 가치를 구현하는 새로운 대안 사회를 지향하는 진보정당이다.

통합진보당은 노동자·농민·중소상공인 등 일하는 사람들의 요구와 이해관계를 반영하고 대변하는 정당이며 그들의 지혜와 힘을 모아 일하는 사람이 주인이 되는 세상을 열어나갈 것이다. 특히 비정규직 노동자를 비롯하여 청년·여성·중소 영세상공인·빈민·사회적 약자 및 사회 각계각층의 다양한 진보적 요구와 이해관계를 대변하겠다.

통합진보당은 제국주의 침략과 민족 분단과 군사독재, 초국적 독점자본과 재벌의 횡포와 수탈, 사회적 불평등과 생태파괴, 성차별 등으로 얼룩져 온 오욕의 역사를 바로잡고, 오늘날 신자유주의가 초래한 사회경제적 위기, 권위주의 정치가 빚어낸 민주주의 위기, 개방농정과 살농정책으로 인한 식량주권의 위기, 전 지구적 규모로 진행되고 있는 생태위기, 강대국 패권주의가 불러일으키는 전쟁위기를 극복할 것이다.

통합진보당은 일하는 사람이 주인되는 자주적 민주정부를 세우고, 민중이 정치경제 사회 문화등 사회생활 전반의 진정한 주인이 되는 진보적인 민주주의 사회를 실현하겠다.

통합진보당은 한반도 비핵 평화체제와 자주적 평화통일을 실현하고, 인간 존중, 노동존중의 새로운 사회를 건설할 것이다.

통합진보당 강령 (本文)

우리가 만들 세상

특권 부패 정치구조 척결과 진보적 민주정치를 위하여

① 입법·사법·행정의 삼권분립 구조를 확립하고 국가권력기구를 민주적으로 개편한다.

② 공직비리수사처를 신설하며 검찰이 독점하고 있는 기소권을 분할하는 등 검찰개혁 및 사법제도 개혁을 확고히 추진한다.

③ 정치 혁신을 위한 대선 결선 투표제와 독일식 정당명부 비례대표제 도입 등 민중주권 보장을 위해 정당법과 선거법 개정을 추진하며, 예산과 정책 결정 등에 대한 시민의 참여와 감시를 제도화해 직접민주주의를 확대한다.

④ 한국정치의 고질적 문제인 계파정치와 지역주의를 청산하고 당원이 주인 된 정당민주주의를 확립한다.

⑤ 대표적 반민주 악법인 국가보안법을 비롯해 반민주 제도와 악법을 폐지하고, 국정원, 기무사 등 특수권력기관의 시민생활 침해, 사찰행위를 전면 금지하며, 민주적 통제를 강화한다.

⑥ 국가인권위원회 정상화와 차별금지법 제정을 비롯해 포괄적 국가인권정책을 수립하고 평등권 실현과 차별 시정을 실효성 있게 추진한다.

⑦ 국가균형발전정책을 일관성있게 추진한다. 지방분권과 주민자치를 구현하며, 특히 지방재정조정제도를 통해 지역별 재정격차를 해소해 지방재정을 확충하고, 수도권과밀을 해소하고 지역 주민이 주체가 되어 지역자원을 활용하는 지속가능한 지역발전을 추진한다.

⑧ 정치, 군사, 외교, 경제 등 제반 국가정책에서 주권을 확립한다.

⑨ 과거 친일 친독재 행위에 대한 역사적 심판을 확고히 하고, 민족의 해방과 자유, 민주주의 발전을 위한 선대의 업적을 정당하게 평가하고 역사적 정체성을 바로 세운다.

민생중심의 자주 자립 경제체제 실현을 위하여

⑩ 토빈세 도입 등을 통해 국제 투기 독점자본에 대한 규제를 강화하고, 불평등한 경제협정을 개정 폐지하며, 내수 주도형 경제체제를 강화하여 수출주도형 경제체제의 폐해를 극복한다. 통상정책은 자국의 지속가능한 경제발전을 중심으로 국가 간 상호 호혜적인 공정 무역의 형태로 전환한다.

⑪ 물·전력·가스·교육·통신·금융 등 국가 기간산업 및 사회 서비스

의 민영화 추진을 중단하고, 국공유화 등 사회적 개입을 강화해 생산수단의 소유구조를 다원화하며 공공성을 강화한다. 또한 공공부문은 경영 민주화, 투명화를 통해 공공기관의 대국민 서비스를 강화한다.

⑫ 재벌의 소유 경영의 독점 해소 등을 통해 독점재벌 중심 경제 체제를 해체하고, 불공정 하도급거래 관행 근절, 대형 유통점 규제 등을 통해 중소기업 및 영세 자영업자를 보호 육성함으로써, 경제의 민주화를 실현하고 내수 중소기업 주도형 경제체제를 강화한다.

⑬ 협동조합, 노동자 자주관리 기업, 사회적 기업 등 대안적 소유 지배구조를 갖춘 중소기업을 육성하여 풀뿌리 경제를 활성화하고, 중소기업 서민 전담 금융기관을 설립해 중소기업과 서민 등 경제적 약자에 대한 금융접근성을 확대한다.

⑭ 생태산업이자 전략산업인 농업을 보호하고 주요농산물의 국가수매제도를 도입하여 식량주권 확보와 농민소득을 보장하며, 지속가능한 농업, 자립적 순환적 생태적 농촌 공동체를 구축한다.

⑮ 국민연금 등 각종 노동자 연기금에 대한 노동자·민중의 참여를 강화하고, 기업 경영과 국가 경제정책 결정과정에 노동자와 시민 참여를 보장해 자본 중심이 아닌 노동자·시민과 함께 하는 경제를 실현한다.

⑯ 고용과 환경 친화적 산업 정책을 통해 지속가능한 경제체제를 구축하고, 지역 경제를 활성화해 경제의 유기적 연관성을 확보한다.

연대와 참여를 통한 복지공동체 구현을 위하여

⑰ 출산·보육·교육·의료·주거·노후·장례 등 '요람에서 무덤까지' 생

애주기별 공적 사회서비스를 확대해 모든 사회구성원들이 질 높은 삶을 누릴 수 있도록 보편적 복지사회를 실현한다.

⑱ 모든 사회구성원은 누구나 최상의 건강을 평등하게 누릴 권리가 있다. 건강 불평등을 심화시키는 의료 민영화를 중단하고, 단계적으로 무상의료를 구현하며, 주치의제도 도입, 공공 의료기관 확충, 건강보험 보장성 강화를 통해 공공의료 체계와 보편적 의료보장체계를 구축한다. 나아가 사회구성원들이 건강한 삶을 영위할 수 있도록 관련 제도, 문화, 기반구조 등을 개선한다.

⑲ 입시제도 전면 개편, 고교 평준화, 대학 서열 체제 해체, 국공립대 확대를 통해 교육의 공공성을 확보한다. 초중등 교육에 대한 의무교육을 확대하고 실질화하며 대학을 포함한 고등교육에 무상교육을 단계적으로 확대하는 한편, 사회인 누구에게나 평생학습 기회를 보장하기 위한 전면적 교육개혁을 실시한다.

⑳ 토지 및 주택 공개념을 강화한다. 주택 공영제 및 사회주택 확대정책을 실시하고, 순환식 재개발을 추진하며, 세입자의 권리를 보장하고 저소득층에 대한 주거비 지원을 통해 주거기본권을 보장한다.

㉑ 부양의무제 폐지와 상대적 빈곤선 도입으로 빈곤층 사각지대를 해소하여 국민기본 생활을 보장하며, 실업수당 아동수당 신설 등을 통해 보편적 복지를 강화한다.

㉒ 노령층의 편안한 노후 생활을 위해 보편적 기초연금 도입 등으로 노후소득을 보장하고, 질 높은 장기요양서비스를 제공하며, 다양한 문화생활을 누릴 수 있도록 지원한다.

㉓ 보편적 복지체제와 자산 불평등 해소 및 사회적 재분배 강화 등 사회 전반의 진보적 개편을 뒷받침할 수 있도록 조세정의를 실현

하며 부자증세를 통한 조세재정 혁명을 이룩한다.

노동이 존중받고, 민중생존권이 보장되는 경제적 평등 사회 실현을 위해

㉔ 노동시간의 획기적 단축을 통해 양질의 일자리를 창출하고 일과 휴식의 공존을 위해 노력한다.

㉕ 비정규직 사용 제한, 파견제 폐지, 간접고용 사용 규제, 적극적 정규직 전환 노력 및 동일노동 동일임금 보장을 통해 비정규직 문제를 해결하고 고용안정을 이룬다.

㉖ 최저임금을 현실화하고, 생활임금을 보장함으로써 저임금 노동시장의 고용조건을 정상화한다.

㉗ 교사·공무원 및 특수 고용직 노동자를 포함한 모든 노동자의 노동3권을 완전히 보장하고, 산별 교섭의 제도화를 포함한 민주적 연대적 노사관계를 발전시키며, 노동조합의 조직률을 높이기 위해 진력한다.

㉘ 노점상의 경제적 실체를 인정하고 생계형 노점상에 대한 강제단속을 중단하며 생존권을 보장한다. 아울러 노점 단속 과정에서 발생하는 용역폭력을 근절하기 위해 경비업법, 행정대집행법을 전면 개정한다.

진정한 성 평등 세상을 만들기 위해

㉙ 동일노동 동일임금 실현을 통해 성별임금격차와 노동시장 내 성차별을 해소하고, 돌봄노동과 가사노동에 대한 사회적 책임을 강화한다.

㉚ 여성할당제를 확대하고 차별받는 다양한 여성들의 대표성을 제고

하여 여성의 정치적 대표성을 강화하며 실질적인 의사결정권을 보장한다.

㉛ 임신·출산의 당사자인 여성에게 자신의 몸에 대한 결정권을 보장하고 성을 매개로 한 폭력과 착취를 근절한다.

㉜ 결혼 외의 생활동반자 관계의 법적 사회적 지위를 인정하며, 가족·종교·학교·미디어·노동환경 내에서 성소수자에 대한 차별을 없앤다.

정의와 평등이 실현되고 지속가능한 사회체제를 위해

㉝ 세계적 기후변화에 대응해 기후정의에 입각한 우리 사회의 혁신을 지향하고, 핵발전소를 단계적으로 폐지하며, 분산형 재생가능에너지 체제로 전환하는 것은 물론 온실가스를 단계적으로 감축해 나가기 위해 노력한다. 또한 이 과정에서 노동의 정의로운 전환을 위해 노력한다.

㉞ 무분별한 토건정책에서 탈피하고, 생명을 지향하며, 생태계의 위기가 곧 인간 삶의 위기임을 인식하여 자연과 인간이 공존상생하고 자원이 순환하는 생태사회를 실현한다. 훼손된 생태계를 복원하고, 자연의 권리가 인정되도록 한다.

㉟ 공공과 생태를 위한 과학기술의 발전을 옹호 지원하며, 과학기술의 성과를 특정기업이나 계층이 독점하는 것을 막고, 사회진보와 시민전체의 이익으로 환원되도록 한다. 또한 과학 기술의 의사결정과정에 민중의 참여를 보장하다.

㊱ 언론의 자유와 독립성을 보장하고, 방송, 통신 등 필수 서비스의 공공성을 강화하며, 소비자의 이용 비용을 절감하고, 국민들 사이

의 정보격차를 해소한다.

㊲ 재벌 언론, 언론 재벌의 종합 편성 채널 사업권을 회수하고 신문 방송의 공공성 강화와 소유 지배구조의 민주화를 실현하며 각종 대안 언론을 지원한다.

㊳ 모든 국민이 누릴 수 있는 문화적 권리 보장과 독립문화예술 활동 지원 등으로 문화 다양성이 인정되는 문화 민주주의를 구현한다.

㊴ 누구도 성별, 장애, 병력, 나이, 언어, 국적, 인종, 피부색, 출신지역, 용모 등 신체조건, 혼인여부, 임신 또는 출산, 가족형태 및 가족상황, 종교, 사상 또는 정견, 전과, 성적지향, 성별정체성, 학력, 고용형태, 사회적 신분 등으로 차별받지 않도록 포괄적인 차별금지법을 제정하여, 모든 시민이 평등하고 건강한 생활을 영위하도록 한다.

㊵ 모든 어린이의 소양을 계발하고, 기회의 형평을 보장하며, 건강한 시민으로 성장할 수 있도록 돕는 것이 국가의 책임이다. 어린이 청소년 인권 보장을 위한 법 제도를 마련하여, 청소년이 나라의 주역으로 자랄 수 있도록 한다.

㊶ 청년의 사회진출을 돕고, 피선거권 연령을 낮추는 등 참정권을 확대하며, 정치적 대표성을 강화한다. 청년문화를 지원하고, 사회 각 부문에서 젊은 세대의 참여를 높이기 위한 제도를 도입하고 강화한다.

㊷ 장애인이 지역사회에서 평등하게 살아갈 수 있도록 활동보조서비스와 이동권 및 접근권, 주거권 등을 보장한다. 또한 교육 및 노동에서의 차별을 없애 장애인이 사회경제적 지위를 획득함으로써 자립생활을 보장 받도록 한다.

㊸ 이주민 증가에 따른 다문화 사회로 전환에 맞추어 인종, 언어, 국적, 문화의 다양성을 존중하고, 이주민에 대한 차별을 철폐하고 보편적 인권을 보장한다.

자주와 평화가 보장되는 한반도, 민족의 통일 체제를 향해

㊹ 휴전협정을 평화협정으로 대체하는 등 한반도·동북아의 비핵·평화체제를 조기에 구축한다. 이와 연동해 주한미군을 철수시키고 종속적 한미동맹체제를 해체하여 동북아 다자평화협력체제로 전환한다. 국군의 해외 파병을 금지하고, 선제적 군비동결과 남북 상호 군비축소를 실현한다.

㊺ 3군의 균형 있는 발전과 무기도입을 비롯한 국방조달의 투명성을 높이는 등 국방개혁을 일관성 있게 추진하는 한편, 대체복무제 도입, 군인 인권 보호 등 군의 민주화, 민주적 통제를 강화하고 인간 안보를 실현한다.

㊻ 7·4남북 공동성명과 남북기본합의서의 정신을 존중하며, 6·15공동선언, 10·4선언을 이행하고 자주적 평화통일을 추구한다.

㊼ 기존에 맺은 모든 불평등 조약과 협정을 개정 폐기하며 미·중 등 강대국 중심의 국제질서를 극복하고 자주적 균형외교를 지향하며, 평화롭고 평등한 동아시아 공동체 건설과 함께 진보적 국제연대를 적극 실천한다.

2

:

통합진보당의 역대 大選공약

가. 도입경과

○ 17대 대선

‒ 일심회 사건 지령에 따라 정책위의장이 된 이○○가 공약 마련

○ 18대 대선

‒민혁당 세력인 이○○, 이○○가 정책위의장으로 공약 마련

나. 대한민국 체제 부정

○ 17대 대선

‒ "분단국가, 종속국가, 재벌국가인 '대한민국'을 극복하고 통일과 자

주, 평등을 동시에 실현할 '새로운 나라'를 건설하자는 것이 국가비전의 의미이다"라고 주장

○ 18대 대선

– "통합진보당은 단순한 정권교체를 넘어 진보적 정권교체를 하려고 합니다. 세상을 바꾸는 정권교체를 하려고 합니다. 이것이 진보적 정권교체입니다"

○ **분석: 자유민주주의 체제 부정**

– 우리사회 체제 내의 개혁이 아닌, 자유민주주의 체제를 부정하고 새로운 국가 건설을 위한 것으로 체제 유지의 수단인 제도와 법 전면 폐지

– 자주적 민주정부 수립을 위해 制憲(제헌)의회를 소집해서 국가변혁을 하겠다는 위와 같은 대선공약은 민노당–통진당이 지향하는 체제가 자유민주주의 체제가 아님을 반증하는 것

나. 연방제 통일

○ 17대 대선

– ▲민노당의 권영길 대선후보, 2009년까지 '통일국가 준비기'를 거쳐 2010년 '코리아연방공화국' 출범, 2012년까지 이행기, 2013년 이후 완료기를 통해 통일국가를 완성한다는 코리아연방공화국 통일방안을 제시 ▲코리아연방공화국은 통일국가 이행기에 현재 1민족 2국가 2체제 2정부에서 1민족 1국가 2체제 2정부로 성격을 바꾸고,

완료기에 연방공화국을 완성, 중앙정부는 외교·국방 및 정치·경제
통합을 위한 준비작업을, 남북의 지역정부는 행정·입법·사법·교육
등 일상 업무를 담당한다는 것이 골자 (출처: 2007년 8월13일자 민노당
선거대책본부 대변인실 보도자료)

○ **18대 대선**
- 코리아연방공화국 건설 경로 3단계
  <u>*1단계: 민족통일기구(COREA위원회)를 설립→2단계: 연합제와 낮은
  단계 연방제가 공존하는 시기→3단계: 남북 총투표로 통일헌법을
  제정하고, 연방정부를 구성하고, 단일국호로 유엔에 가입함으로써
  통일 완성</u>

○ **분석: 북한의 무력에 의한 적화통일 강조**
- 북한의 노동당 규약에 의하면 당면목표는 대남혁명이고, 최종목표
  는 한반도 전체의 김일성·김정일주의화인 바, 대남혁명은 폭력적
  방법을 용인하는 것이므로 대남혁명을 완수하여 자주적 민주정부
  수립 후 연방제 통일을 하려는 것이 북한의 의도
- 즉, 이러한 연방제 통일 주장은 결국 폭력에 의한 대남혁명을 용인
  하는 것이므로 북한의 적화통일 전략에 동조하는 것

3

통합진보당의 '진보적 민주주의' 解說

가. 도입경과

○ **1945년 전후 좌파 세력의 지도이념**

– ▲북한의 김일성은 1945년 10월3일 평양노농정치학교 학생들 앞에서 '진보적 민주주의에 대하여'라는 연설을 통해, '진보적 민주주의'가 반제반봉건 민주주의 혁명을 통해 수립되는 새 형의 민주주의임을 밝힘 ▲김정일은 1990년 12월27일 당 중앙위원회 책임 일꾼들 앞에서 '우리나라 사회주의는 주체사상을 구현한 우리식 사회주의이다'라는 연설을 통해, '진보적 민주주의'가 북한식 주체사회주의, 즉 '우리식 사회주의적 민주주의'임을 명백히 밝힘(자유민주연구학회, 〈통합진보당의 해산 정당성: 통합진보당은 왜 해산되어야 하나?〉, 2014년 1월15일, p.33~34)

○ **일심회**(북한 지령에 따른 17대 대선공약에 도입)

- 2005년 12월 북한은 일심회에 '정책위의장으로 경기동부연합 이○○ 당선' 지시하고, 2006년 2월 이○○가 당선, 17대 대선공약 마련

○ **왕재산**(북한 지령에 따른 통진당 강령 편입)

- 2011년 3월 북한은 왕재산에 '진보정당 통합시 진보적 민주주의를 관철'시키도록 지시하고, 2011년 6월 민노당의 강령 개정 시 반영

나. 북한이 주장하는 '진보적 민주주의'

○ **김일성의 '진보적 민주주의'와 '왕재산 사건' 북한 지령이 일치**

통진당의 21세기 진보적민주주의		북한의 대남혁명 전략
• 미국과 지배종속 관계	자주	• 미국의 완전한 속국
• 특권 지배세력은 국민주권을 도둑질	평등	• 국민의 주권행사가 파쑈독재에 의해 도용
• 자주적 민주정부는 계급적 성격에서 볼때 민중정권	자주적 민주주의	• 자주적 민주정부는 참다운 정권이고 민중적인 정권
• 대중투쟁연대체를 구축	연대	• 반독제 민주연합전선을 형성, 공동투쟁
• 국가보안법 폐지	국보법	• 국가보안법을 비롯한 파쑈적 악법폐지
• 주한미군 철수	미군	• 주한미군 축출
• 연방제 방식의 통일	통일	• 파쑈정권 타도 후 연방제 통일

통진당의 '21세기 진보적 민주주의'와 북한의 대남혁명전략 비교 (21세기 진보적 민주주의는 통진당 산하 진보정책연구원 부원장인 박경순이 집필하여 통진당 내 진보적 민주주의에 대한 강의 자료로 활용)

○ **구체적 내용**

- **자주**: 우리 사회가 미국의 지배종속 관계이므로 이를 타파해야 한다는 의미로 북한의 '민족해방'에 대응하는 개념

- **평등**: 우리 사회가 소수의 특권계급에 의한 지배 사회이므로 이를 타파해야 한다는 의미로 북한의 '계급해방'에 대응하는 개념

- **반전평화**: 북핵의 자위성을 용인하면서 평화협정 체결 및 주한미군 철수 주장

- **민주적 변혁**: 민중주권을 실현하고, 사회를 근본적으로 변혁한다는 의미로서 국보법 폐지, 국가기구 해체 등을 의미

- **연대연합**: 이른바 통일전선 전술로 진보신당 등과의 통합 및 다른 사회 단체와의 연합을 통한 反정부 투쟁

- **부강통일국가 건설**: 북한의 연방제 통일방안을 지칭

다. 평가

○ **북한의 대남혁명전략(NLPDR)을 통한 사회주의 지향**

- **'진보적 민주주의'는 우리사회의 변혁단계에 맞는 과도기 단계**: 기존 강령에 들어있었던 사회주의적 요소를 우리 사회의 사회변혁 단계에 맞게 수정한 것에 불과하고, 궁극적으로는 사회주의 추구

  * "사회주의적 지향을 갖는 것은 당연하나, 당면한 진보적 민주주의 변혁단계를 무시하고 현 단계에서 사회주의 정치노선을 바로 실현하고자 하는 것은 어렵다" (일심회 최○○)

4

주요 당직자 문제 발언

○ **국가관, 통일관: 연방제 통일 옹호, 애국가 부정, 6·25 남침 발언**

이정희	
직책	대표
요지	6·25전쟁 南侵여부 답변거부
발언내용	"(6·25전쟁이) 역사적인 논쟁들이 있는 것으로 알고 있습니다. 제가 거기에 대해서 남북관계 문제에 대해서 제가 당 대표로 말씀드리는 것은 개인적인 견해보다는 그리고 과거에 대한 어떤 규정보다는 미래를 향해서 나아가는 것이 저는 필요하다고 생각하구요. 그 문제는 좀 더 치밀하게 생각해서 나중에 다시 답을 드리는 것으로 하겠습니다" (2010년 8월4일, KBS 라디오 〈열린토론〉)

이석기	
직책	국회의원
요지	애국가 부정
발언내용	"미국 등에는 國歌(국가)가 있지만 우리에게는 국가가 없다. 애국가는 그냥 나라 사랑을 표현하는 여러 노래 중 하나다. 우리나라는 애국가를 국가로 정한 적이 없다" (2012년 5월15일, 기자간담회)

김승교	
직책	최고위원
요지	연방제 옹호
발언내용	"이젠 어느 한쪽을 흡수하는 통일이 아닌 서로의 체제를 인정하고 존중하는 통일이 돼야 한다. 그 방법은 바로 1민족 1국가 2체제 2정부인 연방제 통일이다" (2001년 4월5일, 인터넷매체 〈U-news〉 인터뷰)

○ 북한체제 인정: 남쪽 정부 발언 등

이정희	
직책	대표
요지	남쪽 정부 발언
발언내용	중앙선거관리위원회가 주관한 제18대 대선후보 1차 TV토론회에서 북한의 장거리 로켓 발사에 대해 발언하던 중 '남쪽 정부'라고 언급했다가 '대한민국 정부'로 정정 (2012년 12월4일)

김재연	
직책	국회의원
요지	黨 정체성
발언내용	"국회의원으로서 국가관, 대북관에 부끄러움이 없고 자유민주주의 속에서 한 번도 숨긴 적 없다. 다만 평화통일의 상대방으로서 북의 체제를 인정하는 것은 앞으로도 견지해야 할 당의 정체성이다. 이를 인정치 말자는 것은 전쟁하자는 얘기다. 국민들의 평화와 안녕을 위해서라도 공당으로서 지켜야 할 노선이다" (2012년 6월4일, 〈KBS1 뉴스라인-뉴스토크〉)

○ 북한의 3대 세습 묵인: 북한의 3대 세습에 관한 질문의 답변

이석기	
직책	국회의원
요지	내재적 접근론
발언내용	"그 문제(3대 세습)를 포함해 북한인권 문제나 탈북자 문제 등도 적절한 시기가 있을 텐데, 현 단계에서 어떤 식의 표현을 해도 그 의도와 상관없이 다른

형태로 가공되는 것을 우려한다. 북한 문제에 있어서는 송두율 선생의 내재적 접근론에 공감하는 편이다. 기본적으로 남북화해와 협력적 접근이 필요하다고 본다" (2012년 5월8일, 인터넷 〈한겨레〉 단독 인터뷰)

김선동

직책	국회의원
요지	답변거부
발언내용	재보선 상대방 후보가 북한의 3대 세습에 대한 의견을 묻자 답변하지 않음 (2011년 4월18일)

○ **利敵활동 옹호: 범민련, 한총련 옹호 및 국보법 폐지**

이정희

직책	대표
요지	범민련(이적단체) 옹호
발언내용	"2000년대에 들어서 6·15공동선언, 10·4선언 이행하는 길에서도 범민련의 깃발은 언제나 가장 힘차게 휘날렸습니다. 시련과 난관을 뚫고 통일운동을 개척해온 범민련의 정신과 함께 저희 진보당은 가까운 시일 내에 조국통일을 이뤄낼 것입니다" (2011년 12월17일, 범민련 결성 22주년 기념식 축사)

김재연

직책	국회의원
요지	한총련(이적단체) 옹호
발언내용	"나는 한총련이 잘못한 것이 없는 단체라고 판단했다. 그 단체를 통해서 사회 정의가 실현되고, 우리 사회 중요한 문제에 청년들이 나설 수 있는 공간이라 생각했다" (2012년 4월10일, 〈한국대학신문〉 인터뷰)

김승교

직책	최고위원
요지	국보법 비난
발언내용	"국가보안법은 법전에서 찢어 쓰레기통으로 가야 할 법이다. 쓰레기 법, 쓰레기 판결문을 근거로 당에서 결정해선 안 된다" (2008년 2월3일, 임시 黨대회)

○ 從北주의 논란

이석기

직책	국회의원
요지	從美가 더 문제
발언내용	"從北 운운하는데 從美가 더욱 큰 문제" (2012년 5월11일, 〈tvN 백지연의 피플 인사이드〉)

김미희

직책	국회의원
요지	답변거부
발언내용	대변인 논평 당시 언급하지 않겠다며 답변 회피 (2012년 5월24일)

○ 北核옹호

안동섭

직책	사무총장
요지	北核문제 제기부당
발언내용	"왜 미국은 천 번 넘는 핵실험을 해도 되고, 북은 왜 3번밖에 하지 않았는데 문제를 삼는지, 수백 개 인공위성을 쏜 미국은 괜찮고, 북은 왜 제재하는지 근본적 질문을 해야 한다" (2013년 2월13일, 동시당직선거 당대표·최고위원 후보 토론회)

박경순

직책	진보정책 연구원 부원장
요지	미국에 대한 核보복능력 필요
발언내용	"북한이 이번 핵실험을 통해 노리는 목표는 바로 이것이다. 미국이 북한체제를 인정하지 않고 체제붕괴전략을 고수하고 있는 조건에서 살아남기 위한 유일한 길은 미국의 핵 선제타격을 무력화시킬 수 있는 핵 보복능력을 갖추는 데 있다고 보았다. 그래서 미국을 상대로 '핵무기를 가진 북한'을 선택할 것인가 아니면 '북미평화공존'을 선택할 것인가를 압박했던 것이다" (2006년 6월 10일, 〈통일뉴스〉 기고문)

○ 북한 무력도발 옹호: 연평도 포격

이정희

직책	대표
요지	연평도 포격 정부책임
발언내용	"연평도에서 군인이 사망하고 주민들이 불길 속에서 두려움에 떨었다. 남북관계를 악화시킨 결과를 정부는 똑똑히 봐야 한다. 대결로 생겨나는 것은 비극뿐이다" (2010년 11월24일, 이정희 트위터)

김미희

직책	국회의원
요지	연평도 포격 정부책임
발언내용	"연평도 포격사건은 이명박 정부의 대북 적대정책이 낳은 불행한 참사입니다" (2010년 11월23일, 대변인브리핑)

○ 他黨(타당)과의 비교

비교	통진당	정의당	민주당
主權 및 政治체제	진보적 민주주의 (민중민주주의)	국가 공동체를 구성하는 모든 사람들의 권리 대변	모든 국민을 위한 정책 추구
주한미군	주한미군 단계적 철수 (비핵화와 연계)	주한미군 단계적 철수 (한미동맹 재편)	X (미래지향적 한미동맹)
국보법	국보법 폐지	X	X
통일-국방	코리아연방	상주대표부 설치 남북연합	남북 경제 연합
	국보법 폐지	X	X
	비핵화, 평화협정 체결 (주한미군 철수와 연계)	북핵폐기 (평화협정과 연동)	북핵폐기
	주한미군 철수	X	X
	천안함 재조사	X	X

제**4**장

통합진보당의 활동

법무부 〈위헌정당 심판 참고 자료(2013년 11월)〉 요약

1

활동의 違憲性 판단기준

○ **정당 활동의 민주적 기본질서 위배**

– 정당의 목적 외에 활동이 민주적 기본질서에 위배될 경우 위헌정
당으로 해산가능

○ **활동의 주체**

– ▲黨지도부, 주요당직자, 당원협의회, 지역조직, 당원 등의 행위 포
함 ▲행위주체의 정당중심과의 근접성, 행위의 빈도와 강도 등을
고려해 정당에 귀속되는 행위로 인정될 수 있어야 함 ▲개별 구성
원이나 지지자의 개별적 일탈행위는 해당되지 않으나 민주적 기본
질서를 침해하는 기본노선에 근거한 경우는 해당

○ **활동의 내용**

– 정당해산은 형사처벌이 아니라 장래를 위한 예방적 조치에 해당하
   므로 형사처벌에 이를 정도의 행위가 요구되지 않음
   *독일 공산당 해산판결은 위헌정당 해산은 '예방적 조치'로서 '위험
   을 적시에 방지'하고 위헌적 정당의 '등장'을 '방지'하는 데 취지가
   있다고 說示(설시)했다

– 단순히 민주적 기본질서를 부인하거나 거절하는 것만으로는 부족
   하고, 적극적이고 공격적인 태도가 존재할 필요
   *당원의 민주적 기본질서 위반행위를 의식적으로 묵인하거나 지원
   한 경우, 아무런 방어조치를 안한 경우 '가중적 방치이론'에 따라
   정당의 행위로 구속한다는 견해도 존재

2

구체적 활동내용

가. 개요

① 내란음모 사건(RO: 통진당 핵심세력)

② 大衆정당을 통한 조직적 反국가, 이적활동
 - 反국가 활동 전력자 기용(공천/당직)→反국가 활동 실행→反국가 활동 옹호

③ 선거제도 부인하는 불공정 선거

④ 다수결이 아닌 폭력 등에 의한 민주주의 훼손
 - 김선동 의원, 국회본회의장 최루탄 투척 사건
 - 5·12중앙위원회 집단폭력(일명 '머리끄덩이녀' 사건)
 - 위장전입 등을 통한 非민주적 당권장악

⑤ 공무원, 교사의 정치적 중립 의무 위반

나. RO의 내란음모 사건

(1) RO의 혁명준비

- 통진당 의원 이석기가 '민혁당' 사건 이후 '주체사상'을 지도이념으로 하여 RO 구성 후 언론 등을 통한 선전·선동 등으로 혁명 준비

(2) RO의 위헌적 활동

○ 내란 음모·선동

- ▲2013년 3월5일 북한의 '정전협정 폐기' 선언을 전쟁상태로 인식 ▲2013년 5월10일/5월12일 두 차례에 걸쳐 회합을 개최해 내란모의 등

○ 反국가 단체 활동 찬양 및 동조

- ▲RO 회합시 '혁명동지가', '적기가' 제창 ▲RO 지도자인 이석기는 평소 애국가 존재를 부정하면서 북한에서 부르는 '혁명동지가' 등 제창

(3) RO 활동에 대해 통진당은 전체적으로 비호

○ 당조직의 투쟁본부 전환

- ▲2013년 8월29일부터 당조직의 투쟁본부 전환 및 16개 시도당 비상체제 가동 ▲통진당 홈페이지에 '국정원 정치공작 대책위' 명의로 '이석기 의원을 석방하라'라는 구호 게시

○ 당 지도부와 각 시도당 집단행동

- ▲2013년 8월29일 당 지도부와 각 시도당이 '공안탄압 중단' 합동 기자회견 ▲2013년 8월29일부터 각 시도당별 기자회견 및 집회 등 개별적 집단행동

다. 大衆정당을 이용한 조직적 反국가·이적활동

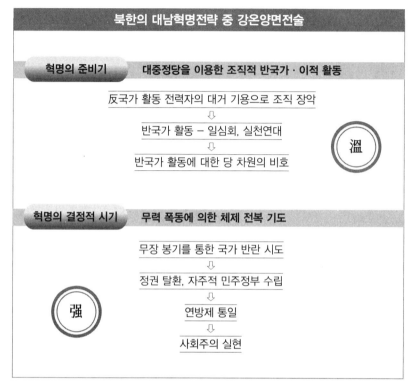

북한의 대남혁명전략 중 강온양면전술 (법무부, 2013년 11월5일자 보도자료)

(1) 강온양면 전략 활용

○ 혁명의 결정적 시기가 도래해 배후조직인 RO가 무장봉기를 일으 키기 前 단계에서는 대중정당을 통해 反국가·利敵(이적)활동

○ 정당이념을 실현하기 위한 정당 활동의 美名하에 反국가적 활동
  – 종북성향의 이념을 추구하는 통진당을 숙주로 하여 '헌법의 우 산 아래 헌법을 파괴'

(2) 개관(단계적 구현 과정)

○ 제1단계: 反국가 활동 전력자 대거 기용으로 조직 장악

- 국보법 위반 등 주요 反국가 활동 전력자를 대거 공천

- 이들을 당 사무총장, 정책위 의장 등 핵심요직 중용

○ 제2단계: 反국가 활동 실행

- 일심회 사건에서와 같이 당직자 등이 국보법 위반 등 反국가 활동 실행

○ 제3단계: 反국가 활동 비호

- 反국가 활동이 외부에 드러나게 될 경우 제명 조치 등도 거부하고 감싸기 급급

■ 제1단계: 反국가 활동 전력자 대거 기용으로 조직 장악

○ 제19대 총선의 지역구 의원 공천

- 영남위원회 사건 가담자인 김○○ 등을 비롯하여 주요 인사들을 지역구의원에 공천(이 중 3명 당선)

19대 총선 지역구 후보자 중 국보법 위반 등 내역

순번	성명	직책	주요경력
1	오○○	現 국회의원	- 1985년 삼민투 사건(징역7년) - 1994년 남총련 사건(징역2년, 집유3년)
2	김○○	現 국회의원	- 1989년 美문화원 점거농성(기소유예)
3	장○○	前 사무총장	- 1988년 反美청년회사 사건(징역2년)
4	김○○	울산북구 출마	- 1987년 서울남부노동자연맹 사건(징역1년6월) -1999년 영남위원회 사건(징역2년)

5	유○○	포항북구 출마	– 1995년 구국전위 사건(징역3년6월)
6	김○○	인천남구갑 출마	– 1989년 인천민주청년회 사건(징역10월)
7	박○○	군산 출마	– 1995년 경기대 자주대오 활동가 조직 사건(징역1년6월, 집유3년)
8	이○○	전주완산을 출마	– 1997년 구국전위 사건(1심 징역3년6월 선고, 상고심 무죄 확정)
9	황○○	광주광산을 출마	– 1989년 조선대 교지 이적표현물 제작, 반포 사건(기소유예)
10	이○○	現 국회의원	– 민혁당 수도남부지역사업부 가입(미처벌)

○ **19대 총선 비례대표 의원 공천**

– 민혁당 사건 가담자인 이석기 등을 비롯해 주요 활동가들 비례대표 후보자로 추천(이 중 2명 당선)

19대 총선 후보자 중 국보법 위반 등 전력

순번	성명	직책	주요경력
1	이석기	現 국회의원	2003년 민혁당 사건(징역2년6월)
2	김재연	現 국회의원	2005년 한총련 가입(징역1년, 집유2년)
3	황 선	비례대표 15번	– 1999년 북한에의 탈출·잠입 사건(징역2년6월) – 2002년 4월/2006년 5월 범청학련 남측본부 가입, 이적표현물 제작·반포·소지(징역3월) – 2005년 10월 북한조선노동당 창건 60주년 기념일에 방북하여 제왕절개로 출산
4	강종헌	비례대표 18번	– 1976년 재일동포 유학생 간첩단 사건(사형), 그 후 징역 13년 감경 후 가석방 (2011년 10월 재심개시)

○ 주요 당직 임용

– 전 현직 주요 당직자들 중에는 과거 국보법 위반 등 反국가 활동 전력자 중 상당수가 존재

민노당–통진당 전현직 주요 당직자의 국보법 위반·집시법 위반 등 범죄전력

성명	직책	전력
장○○	前 사무총장	– 1988년 반미청년회 사건(징역2년)
오○○	前 사무총장	– 1985년 삼민투 사건(징역7년) – 1994년 남총련 사건(징역2년, 집유3년)
김○○	前 사무총장	– 1989년 美문화원 점거 농성(기소유예)
김○○	前 사무총장	– 1987년 서울남부노동자연맹사건(징역1년6월) – 1999년 영남위원회 사건(징역2년)
이○○	前 정책위원장	– 1987년 反국가 단체 반제구국노동자동맹 사건(징역3년6월) – 2001년 反국가 단체 민혁당 사건(징역2년6월) *민혁당 부산지역위원회 위원장 역임
김○○	최고위원	– 2012년 이적단체 '실천연대' 사건(징역2년, 집유2년)
민○○	최고위원	– 1986년 이적단체 '민추위' 사건(징역4년)
문○○	前 당대표	– 1987년 대우조선 근로자 상대 북한 활동동조 사건(징역6월) – 1996년 전노운협(전국노동운동단체협의회) 사건(징역2년, 집유3년)
신○○	前 공동정책위의장	– 1991년 이적단체 '노동자대학' 사건(징역2년)
박○○	진보정책연구원 부원장	– 1999년 이적단체 '영남위원회' 사건(징역7년) *영남위원회 총책(민혁당 울산지역위원장)
김○○	진보정책연구원 부소장	– 1995년 성남지역 노동자회 사건 (징역1년6월, 집유2년)
정○○	서울시당위원장	–1999년 이적단체 '범청학련' 사건(징역3년) *한총련 3기 의장출신으로 범청학련 의장도 역임

신○○	인천시당위원장	– 1999년 이적단체 '한총련' 사건 (징역1년6월, 집유3년) *한총련 정책위원장 출신
조○○	사회동향연구소 대표	– 反국가 단체 '민혁당' 가입(미처벌) – 1987년 성남지역 민족해방인민민주주의혁명노선 현장활동가 그룹 사건(징역1년6월)
정○○	성남 중원지역위원장	– 反국가 단체 '민혁당' 가입(미처벌) – 1989년 이적단체 전대협 사건(징역1년, 집유2년) *전대협 부의장 출신
윤○○	대외협력위 위원	– 1999년 '전국연합' 대의원 대회 이후 북한 구성원과 회합 등 사건(징역1년6월, 집유2년)
이○○	이○○ 의원 보좌관	– 1998년 이적단체 '한총련' 사건(징역1년6월, 집유3년)

○ **現 통진당 국회의원 현황: 6명 중 5명이 反국가 활동 전력자**

통진당 국회의원의 전력

성명	전력
이석기	反국가 단체 '민혁당' 가입(민혁당 경기남부위원회 위원장)
김재연	이적단체 '한총련' 가입(한대련 집행위원장)
오병윤	'삼민투' 사건 담당(전남대 총학생회장)
김선동	美문화원 점거 농성 가담(민노당 사무총장)
이상규	反국가 단체 '민혁당' 가입(미처벌, 서울대 법대 학생회장)
김미희	해당사항 없음(민노당 창당 중앙위원)

■ **제2단계: 反국가 활동 실행(통진당 당직자 등)**

○ **일심회 사건**

– ▲최○○ 민노당 사무부총장, 이○○ 민노당 중앙위원이 각각 2005

년 및 2001년부터 포섭되어 당원 명단 등 주요 정보를 北에 제공
▲당시 북한은 민노당 중앙당 기획부서 및 서울시당에 김일성의 영
도를 구현하는 사업추진을 지시하고, 실제로 일부 이행

○ **민노당 고문 강태운 간첩 사건**

- ▲강태운 민노당 고문이 1998~2003년까지 일본 거주 북한 공작
  원에게 포섭되어 민노당 관련 각종 자료 제공 ▲당시 북한은 민노
  당 창당 직전부터 직후까지 민노당 측에 지령**(재야세력 결집 등)**을 내
  린 사실 확인

○ **기타**

- ▲2006년 민노당 대의원 박○○ 연루 북한 밀입국, 이적표현물 게
  시 사건 ▲2013년 통진당 중랑구위원장 이○○ 연루 이적단체
  '6·15소풍' 구성·가입 사건

■ **제3단계: 反국가 활동 비호**

○ **제명 조치 등 거부**

- 일심회 사건 및 민노당 고문 강태운 사건의 경우, 간첩활동을 했음
  에도 불구하고 당 내에서 제명조치에 대해 상당한 반발

○ **反국가 활동 확대 및 재생산 유발**

- ▲일심회 사건 가담자 최○○은 복역 후 산하 정책연구원 실장 근
  무 ▲이석기, 김재연 의원의 경우 통진당 부정경선 사건 이후에도

제명 조치 거부, 이후 RO사태로 비화

라. 선거제도 부정하는 불공정 선거

(1) 비례대표 부정경선(총 510명 기소, 그 중 20명 구소)
− 2012년 3월 他人의 휴대폰을 빌려 임의로 타인 명의로 투표하거나 온라인투표를 이용해 대리투표

(2) 관악을 야권단일화 여론조작(총 24명 기소, 그 중 4명 구속)
− ▲2012년 3월 관악을 야권단일화 경선 위한 여론조사 당시 190대의 일반 전화를 개설해 他 선거구 거주 지지자에게 연결하는 등 부정 ▲연령 등을 허위로 답할 것을 독려하는 문제메시지 대량 발송

마. 다수결이 아닌 폭력 등에 의한 민주주의 훼손

(1) 의회민주주의 훼손: 김선동 의원(최루탄 투척)
○ 2011년 11월 한미FTA 비준동의안 심의를 막기 위해 최루탄 투척
○ 당내에서 이러한 행위 적극 옹호
− 이정희 대표는 '윤봉길 의사', '안중근 의사'에 비유하며 '자랑스럽다'고 발언

(2) 정당민주주의 훼손: 5 · 12 중앙위 집단폭력 및 위장전입 등을 통한 당권 장악
○ 2012년 5월 부정경선 사실이 드러나고 중앙위가 혁신결의안을 상정하자 이를 막기 위해 집단 폭력 행사

○ ▲NL계열들이 2001년 9월 '군자산의 약속'을 통해 당에 가입하면 서 위장전입 등을 통해 지역위원회의 당권 장악 ▲이러한 행태에 대해 '패권주의'라는 PD계열 측 비판 팽배

위장전입 등 사례

▲ **2001년 용산 지구당 사건:** NL계열의 인천연합이 소속 학생 등을 위장전입 등에 의해 용산구 지구당으로 당적을 옮겨 용산구 지구당 간부 자리 독식

▲ **2002년 인천남동을 지구당 사건:** 2002년 10월26일 인천남동을 지구당 창립총회를 앞두고, 부평 지구당 소속 당원인 인천연합 조직원 73명이 당권신청 마감일인 9월30일 주소를 변경해 90여 명의 기존당원을 數(수)의 우위로 누르고 당직을 독점하려 했던 사건

▲ **2012년 중국집 건물 유령당원 사건:** 2012년 6월 통진당 선거와 관련, 경기 성남시에서 당원 61명의 주소가 동일한 중국집 건물에 주소를 둔 것으로 나타나 '중국집 유령당원 사건'을 비롯해서 성남시(28명), 전남 순천시(9명), 서울 마포구(7명), 종로구(6명) 등에서 주소지 중복

3

통합진보당과 북한의 연계성

(1) 북한과의 연계성 판단기준

- 통진당의 조직, 목적, 입장 및 활동의 북한 연계성을 종합적으로
  검토해 위헌정당 여부를 판단
  *대법원은 '反국가 단체 등과 의사 연락을 통한 연계성 여부' 등을
  종합하여 실질적으로 이적활동을 목적으로 하는 단체인지의 여부
  를 판단(실천연대 사건, 대법원 2007도10121 판결)

(2) 구성원(公職/黨職)의 反국가 활동 前歷

○**공직**: 이석기 의원 등 통진당 국회의원 6명 중 5명이 反국가 활동 전
   력자

○ **당직**: 최고위원 김승교(실천연대), 민병렬(민추위), 진보정책연구원 박경순 부원장(영남위원회), 前 사무총장 김창현(영남위원회) 등 다수

○ **조직적 反국가 활동 수행의 토대 제공**

− 북한의 '강온양면' 전략에 의해 혁명의 결정적 시기 도래 전까지 '대중정당을 통한 대남혁명역량 강화' 도모

탈냉전 시대 북한의 對南혁명 전략 변화 요인

▲ **북한의 심각한 경제난과 전체적인 국력 약화**: 종전과 같은 공격적이고 도발적인 대남혁명전략 한계

▲ **우리 사회의 산업화 성공에 따른 획기적 경제발전**: 북한은 종전에 우리 사회를 半봉건사회로 보았으나, 자본주의 발달로 半자본주의 사회로 보게 됨

▲ **우리 사회의 민주화 실현**: 종전에는 폭력에 의한 체제 전복을 염두에 두었으나, 민주화 발달로 선거에 의한 정권 교체 후 계급해방 혁명 및 인민민주주의 혁명 가능성 인식

---

(3) 조직운영 원리의 동일성

가. 통진당 핵심세력인 RO의 민주집중제

○ 총책인 이석기를 중심으로 한 일사불란한 지휘체계 확립

− 수령론에 의해 수령과 당에 대한 확고한 영도체계 구축

○ 북한의 민주집중제와 원리가 동일

− 당원은 당조직, 소수는 다수, 하급당은 상급당에 절대 복종

  *__민주집중제__: 공산당이 국가 권력을 행사하는 제도로 공산주의 국가 체계 및 국가 운용상의 기본 원리, 마르크스와 엥겔스에 의해 처음으로 제기되어 레닌에 의해 확립됐다.

나. 정당민주주의에 위배되는 정당 운영

○ 비민주적, 과두적, 권위주의적 정당 운영

− ▲책임지지 않고 눈에 보이지 않는 권력이 公的(공적) 의사구조 왜곡 ▲수적 우세를 바탕으로 위장전입 등으로 당권을 장악하는 것과 같은 이른바 '패권주의'적인 행태

○ 민주적 의사형성 왜곡: 비례대표 부정경선 사건

− 비례대표 후보자 추천 관련 黨內 경선에서 대리 투표와 같은 조직적, 계획적, 전국적인 부정경선 발생

○ 민주적 의사형성 폭력 저지: 5 · 12중앙위 폭력사건

− 부정경선 사실을 확인하고 비례대표 후보자 전원 사퇴 등을 규정한 혁신 비대위안을 저지하고자 집단 폭력 행사

− 민주적 절차에 의하지 아니하고 집단폭력으로 의사 관철 기도

(4) 목적의 동일성

가. 통진당 핵심세력인 RO의 목적이 북한과 동일

○ 주체사상을 지도이념으로 하여 우리 사회 변혁운동 추구

− RO의 '남한사회 변혁운동'과 북한의 '對南혁명론' 동일

○ 혁명의 준비기와 결정적 시기 구분

− 준비기: 폭력적 방법 외 선거운동 등 합법적 방법에 의한 집권 플랜

− 결정적 시기: 폭력적 방법으로 對南혁명 완수

나. 통진당 목적이 북한 주장과 동일

○ 통진당의 '민중주권주의'=북한의 '인민주권주의'

– 노동자·농민 등 민중이 주권을 가진다는 개념으로 양자동일

○ 통진당의 '진보적 민주주의'≒(북한의) 사회주의

– 진보적 민주주의는 사회주의를 단계적으로 실현한다는 개념

– 장기적으로 사회주의 실현을 추구하는 개념

다. 이적단체 옹호적 태도로 사실상 북한 동조

○ 이정희 대표는 이적단체 '범민련 남측본부'에 대해 격려사

– 범민련 관계자들을 통일애국인사로 전제한 후 통진당 차원의 주한 미군 철수, 국보법 철폐 등 약속

라. 사상적 추종

○ '적기가', '혁명동지가' 등 북한혁명가요 및 북한식 표현 등 사용

(5) 통진당에 대한 북한 개입 현실화(창당~현재)

▲통진당은 민노당 창당 시절부터 3당 합당 등에 이를 때까지 북한의 지령이 존재하고 이것이 상당부분 현실화 ▲통진당이, 북한이 추구하는 대남혁명역량 강화를 위한 포섭 대상인 대중 정당임을 드러냄

가. 창당 준비과정에 북한 개입(강태운 민노당 고문 사건)

○ 1998년 11월 북한지령: 군사쿠데타에 붙잡혀 온 사람들, 빨갱이들 다 모인다고 그러겠지만 추진하고 있는 준비위원회 결성 열심히 해 달라

○ 1999년 10월 북한지령: 지금 당조직, 지방 당조직을 어느 정도 진행하고 있는가

⇔ 1999년 10월 회신: 민노당 창당준비위 조직체계, 중앙위원 명단 등 송부

나. 창당 직후 과정에 대한 북한 개입

○ 2000년 3월 북한지령: ○○○ 등 민족단체의 단결에 연대와 지지를 보낸다

○ 2000년 4월 북한지령: 민주노동당을 해체한다고 하는데 어떻게 된 것이냐, 잘 나가도록 뒤에서 채찍질 해 주어라

○ 2000년 5월 북한지령: 민주노동당 고문으로 계속 중심 역할을 해 주라

다. 종북세력 연합 및 사무부총장 포섭 과정에 대한 북한 개입

○ 2000년 11월 북한지령: 민주노동당이 총선에서 참패하였는데 이를 극복하고 재야단체인 ○○○○, ○○○○ … 등을 규합하는 데 힘을 쏟아 세력을 확장하도록 노력해야 한다

○ 2000년 11월 북한지령: 사무부총장 ○○○가 유능하고 똑똑해 보이는 데, 우리와 연결될 수 있도록 해 달라

라. 민노당 서울시당 장악 과정에 북한 개입(일심회 사건)

○ 2002년 1월 북한지령: 민주노동당 서울시당에 조직원을 포치하라

○ 2005년 8월 북한지령: 서울모임을 더욱 발전시켜 민주노동당 서울 시당을 장악할 수 있는 조직으로 만들어라

⇔ 2006년 3월 회신: 지난 당직선거를 통해 시당 집행부 구성에 변화가 있었다

마. 민노당 정책기획 부서 장악 과정에 북한 개입(일심회 사건)

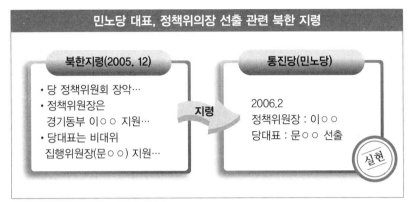

(법무부, 2013년 11월5일자 보도)

○ 2005년 12월 북한지령: 당의 정책 작성 부분은 우리 기본 과업인 것 만큼 당직 선거를 계기로 당 정책위원회를 완전 장악하도록 하여야 한다. … 대표는 문○○, 정책위원장은 이○○, 사무총장은 강○○로 각각 지키기로 한다

⇔ 2006년 3월 회신: 당직선거 결과 및 당선자 경력 사항 보내 줌.

  * 北의 지령대로 대표와 정책위원장은 그대로 선정

바. 민노당 인천시당 지방선거에 북한 개입(왕재산 사건)

○ 2010년 북한지령: 민주노동당 확대강화사업과 관련, 市黨(시당) 확대 강화와 질적 공고화에 집중하고 남동구, 동구에서부터 힘 집중

사. '진보적 민주주의' 강령화에 북한 개입(왕재산 사건)

○ 2011년 2월 북한지령: 민노당이 이미 채택한 '진보적 민주주의'를 진보 대통합의 지도이념으로 관철(2011년 6월 강령 개정 반영)

아. 진보정당 3당 합당 과정에 북한 개입(왕재산 사건)

○ 2011년 2월 북한지령: 민주노동당을 더욱 확대강화하면서 진보대통합 건설을 차질 없이 추진(2011년 12월 '진보정당 3당 대통합' 달성)

제 5 장

'통진당의 핵심' RO의 實體
검찰 보도자료(2013년 9월) 요약

1

이석기의 지하혁명조직 구상

요약

▲ 이석기는 민혁당(민족민주혁명당) 사건으로 처벌받은 직후 새로운 지하혁명조직 구상

▲ 이석기 주도의 지하혁명조직 RO는 북한의 대남혁명노선에 동조하며, 혁명의 결정적 시기를 맞기 위한 준비기에는 사상학습, 실천투쟁 등 통해 조직관리

◎ 이석기는 2003년 8월 출소를 전후해 민혁당의 실패 원인을 분석하고, '영도체계', '조직보위', '사상학습과 검열' 등이 한층 강화된 지하혁명 조직의 사업방향을 구상했음(이석기의 주거지에서 압수한 수첩 내용 통해 확인)

2003년 8월 당시 이석기가 구상한 지하혁명조직의 사업방향 및 주요내용

▲ **선전선동 방안:** 이미 건설된 선전·선동 거점의 합법성을 더욱 공고히 하고, 새로운 선전·선동 거점을 건설해 사이버 선전 확대 등

▲ **領導(영도) 보장방안:** 당 역량을 보강하고 지도부 강화, 여성조직 지도부 건설, 정계에 진출해 상층 침투 등

▲ **자주·민주·통일 투쟁방안:** 반미항전 대중화, 국보법 철폐 투쟁, 진보연합 실현해 선거투쟁 전개

▲ **조직보위를 위한 조직사업 및 비밀 지하활동 방안:** 철저히 지하원칙에 따라 운영, 장악지도 체계, 생활지도 및 검열체계 등 정립, 단선연계 원칙 따라 지도 등

▲ **방송을 통한 선전·선동 활동:** 대중성 및 합법성과 함께 反제국주의 병행 등

▲ **남한혁명(KR) 전략 및 전술:** 노동당이 혁명무력을 형성하고 전위조직과 통일전선이 당의 反帝(반제)역량과 결속되어야 수권 가능 등

◎ 2013년 5월 비밀회합에 참석한 김○○으로부터 압수한 '유알오'(URO, 2003년 작성) 제하의 문건을 통해서도, 이석기 등이 새로운 형태의 지하혁명조직 건설을 준비했음을 확인

'유알오' 문건의 주요내용

○ **유알오 필요성:** ▲현 시기 유알오는 '혁운'(혁명운동)의 통일적인 발전을 위해 필요하다 ▲현 시기 유알오는 한국변혁운동의 유일적 영도를 확립하기 위해 필요하고, 한국 변혁운동의 전략과 제인 통일전선 건설을 위해 필요하다

○ **유알오의 역사적 의의:** ▲유알오는 한국변혁운동의 결정적 시기로의 진격선언이다 ▲결정적 시기의 최대 전략과제는 정치권력을 장악하고 적들의 반동공세를 철저하게 제압하여 확고한 승리를 거두는 데 있다

○ **유알오의 성격과 위상 및 임무:** ▲유알오는 민중시대, 자주성 시대의 노동계급 혁명사상인 아이티(Identification, 주체사상 지칭)를 지도이념으로 삼는다. ▲유알오는 아이티를 지도이념으로 삼아 자랑스러운 한국변혁운동의 선구적 전통을 계승하고 이어가는 한국변혁운동의 嫡子(적자)이다 ▲아이티를 지도이념으로 삼는 유알오는 … 비합법 언더알오(Under RO)의 성격을 지닐 수 밖에 없다

○ **성원가입의 원칙과 기준:** ▲성원의 가입사업은 당과 수령에 대한 충실성, 혁명에 대한 충실성, 사상 이론적 준비정도, 규율능력, 보위능력, 대중적 신망을 가입대상의 검열기준으로 삼아 진행해야 한다 ▲당과 수령에 대한 충실성은 아이티형의 새세대 혁명가의 첫째가는 징표이다

○ **성원의 조직생활:** ▲유알오의 성원은 사상무장, 조직보위, 임무수행, 규율준수, 재정방조의 기본의무를 지닌다. 성원의 조직생활은 조직의 기본의무 이행을 일치된 기준으로 하여 영위되는

조직중심의 집단주의적 조직생활이다 ▲성원의 조직생활은 '포'(세포지칭)회의를 기본단위로 하여 보고와 집행, 분공과 검열, 총화를 수행하는 전일적이고 정연한 조직생활이다

◎ RO는 민혁당 경기남부위원회와 인적 연관성이 있을 뿐 아니라, 조직관리·운영원칙 등에 있어 많은 유사점이 있음

▲RO는 총책인 이석기가 민혁당 경기남부위원장 출신이고, 경기남부위원회 산하 사업부에서 활동했던 조○○, 정○○, 한○○ 등이 모두 RO 조직원들로 인적 연관관계 있음 ▲또한 RO는 민혁당과 유사한 강령, 조직운영, 조직원 가입절차, 보안수칙 등을 갖고 운영되고 있음

민혁당과 RO 비교

구분	민혁당	RO
강령	– 인간 중심의 주체사상을 지도이념으로 한다 – 우리는 당면해서 민족자주권을 쟁취하고 민주주의를 실현하며 조국을 평화적으로 통일한다 – 우리는 궁극적으로 사람들 사이에 사랑이 넘쳐나는 완전히 자주화된 사회를 건설한다	– 우리는 김일성 주체사상을 지도이념으로, 남한사회의 변혁운동을 전개한다 – 우리는 주체사상을 연구, 전파·보급한다 – 우리는 남한 사회의 자주·민주·통일 실현을 목적으로 한다
규약	조직보안을 위해 만들지 않음	조직보안을 위해 만들지 않음
조직체계	– 총책, 중앙위원 3명 – 중앙위·영남·경기남부·전북위원회	– 총책 – 경기동부·경기중서부·경기남부·경기북부, 중앙팀, 청년팀
조직운영	單線連繫(단선연계)·複線布置(복선포치) 원칙	– 평시 단선연계·복선포치 원칙 – 비상시 횡적종적 연계

총화	年初 당 활동 목표를 하달, 지역별·부문별 사업 추진 후 결과를 半期(반기) 및 연간으로 나누어 보고	분기단위로 년 4회, 매년 11월말 年 총화서 작성, 상급조직에 보고
조직 가입	조직원 1명 이상의 추천과 보증 → 중앙위에서 심사·승인	학습모임 → 이념서클 → 추천(조직원 2명) → 승인(지도부) → 가입
보안 수칙	– 강령·당헌 암기 – 연락수단은 제3자 명의 사용 (공중전화) – PGP 암호프로그램 사용 – 조직문건은 디스켓으로 배포	– 강령 암기 – 연락수단은 제3자 명의 사용(공중전화) – PGP 암호프로그램 사용 – USB를 암호화하여 사용 – 그외 사안별로 세분화된 보위수칙 준수

■ 강령에 의하면 RO는 북한의 대남혁명노선에 동조하고, 북한의 대남투쟁 3대 과제를 활동목표로 설정하고 있음

◎ RO는 강령에서 '남한사회 변혁운동을 전개한다'고 하는 바, 이는 북한의 대남혁명노선이 집약되어 있는《주체의 한국사회 변혁 운동론》의 '민족해방인민민주주의 혁명론(NLPDR)을 의미함 → 이에 따라, RO는 대한민국을 미제의 군사적 강점 하에 예속된 식민지 및 반자본주의 사회로, 대한민국 정부를 美帝의 식민지 정책을 집행하는 친미예속 파쇼 정권으로 규정하고, 남한의 사회주의 혁명을 목적으로 하고 있음

◎ 또한, RO는 자주·민주·통일을 활동목표로 삼고 있는 바, 이는 북한이 1970년 제5차 당대회 이후 설정한 '대남투쟁 3대 과제'임 → 여기서 ▲자주란 미제를 축출하고 남한사회의 자주권을 확립하자는 '反美자주화투쟁' ▲민주란 파쇼정권인 남한 정권을 타도하고 남한사회의 민주화를 이루자는 '반파쇼민주화투쟁' ▲통일이

란 북한식 연방제 통일을 이루자는 '조국통일투쟁'을 의미(대법원 93도1711, 2009도11875 판결 등)

◎ 더 나아가 RO는 남한 사회 변혁운동이 '혁명의 결정적 시기'에는 폭력혁명으로 나아갈 수밖에 없음을 드러내는 등 폭력에 의한 자유민주적 기본질서 파괴와 대한민국 체제 전복을 획책하고 있음

◎ 혁명의 준비기에는 하부 조직원 상대 사상학습, 실천투쟁 지시 등을 통해 조직을 관리함

- RO 조직원 ○○○는 2004년 12월 경 강원도 민박집에서 성원 引入(인입) 절차를 거쳐 가입했고, 이후 지휘세포인 이상호, 홍순석으로부터 각종 지시 및 사상학습을 받고 조직 활동에 참여

- 또한 위 ○○○는 지휘세포 등으로부터 '평택미군기지 대추리투쟁', '광우병 촛불집회', '쌍용차 투쟁사태'에 집중하라는 취지의 지시를 받고 관련 집회에 수회 참석하는 등 실천투쟁 이행

2

주체사상을 지도이념으로 삼아

요약

▲ RO는 김일성의 주체사상이 조직과 사업 전반을 지배하는 지도이념임을 명백히 하고 있음

▲ 주체사상으로 철저히 의식화된 인원들만 성원으로 인입 → 세포 모임 통해 지속적 사상학습 진행, 북한식 용어와 방식 추종

◎ **강령 등에서 주체사상을 지도이념으로 표방**

- RO는 강령에서 김일성의 주체사상을 지도이념으로 삼는 것을 명백히 하고 있음

- 또한, RO 조직원들은 수령에 대한 절대적 충성심으로 사상 무장하여 수령으로부터 주어지는 분공을 목숨 걸고 관철할 것을 강조하는 '수령론'을 철저히 따르고 있음

▲ 이석기가 2003년경 자신의 수첩에 사람의 중요성은 혁명의 이익

에 충실한가의 문제이며, 혁명에 대한 충성심은 수령을 심장으로 모시는 것이라는 취지의 메모를 한 사실이 있고 ▲ RO 조직원 조○○도 2013년 경 '영도체계를 안 세우면 승리할 수 없다. 간부의 혁명화'라는 취지의 메모를 하고, 김일성 저작집 등으로 다른 조직원들과 함께 지속적으로 주체사상 학습을 하고 있는 정황이 있음

◎ 주체사상으로 철저히 의식화된 인원들만 조직 성원으로 인입

- RO는 '학모(학습모임)', '이끌(이념서클)', '성원화'의 단계를 거쳐 조직 성원이 되는바, '이끌' 단계부터 주체사상 학습을 하고, 주체사상으로 철저히 의식화된 인원만 선별하여 조직원으로 받아들임

성원 인입 절차

① **학습모임(학모) 단계:** 세포책이 대학·청년운동단체에서 활동하는 '주사파 변혁 운동가' 대상으로 '학모' 조직, 이념서적으로 사상학습

② **이념서클(이끌) 단계:** 학모 구성원 중 주체사상을 적극 수용하는 자를 대상으로 이끌을 조직, 북한 원전 등을 교재로 심화 사상학습

③ **성원화 단계:** 이끌 성원을 지도해온 세포책과 다른 조직원 1명의 추천을 받아 RO 상부에 보고하여 가입 결정되면, 지휘세포가 가입 대상자와 함께 해변이나 산악지역의 인적이 드문 민박집 등에서 수련회를 가지며 '조직성원화' 절차(가입식)를 진행하고, 조직명 부여, 5대 의무 등을 부

***5대 의무:** 보위의무, 사상학습의무, 재정방조의무, 분공수행의무, 조직생활의무

조직원 가입식

○ ①지휘성원의 지시에 따라 '민주열사에 대한 묵념' 실시 ②조직의 강령, 5대 의무 고지 ③결의 다짐 ④대상자 결의발표 및 지휘성원의 환영인사 ⑤조직명(가명) 부여 ⑥북한 혁명가요 '동지애의 노래' 제창 ⑦RO에서 내려준 학습 자료로 주체사상 학습 실시

○ 대상자는 결의다짐 순서에서 "우리의 首(수)는 비서동지(김정일 지칭)", "나는 R가(혁명가)", "간부의 풍모는 충실성, 사상성, 사업작풍"이라고 결의를 다짐

◎ 세포모임에서 김일성·김정일 노작 등을 교재로 '혁명적 수령관' 등 주체사상 학습을 전개

- RO 조직원들은 세포모임을 통해 지속적으로 주체사상 학습을 진행하고, 총화 등을 통해 사상성과 활동사항을 점검·지도받음
- '주체사상에 대하여', '세기와 더불어' 등 북한원전과 '조선의 별', '당원증' 등 북한영화가 학습 교재임

◎ 북한과의 사상적 연계 하에 북한식 용어와 방식을 추종

- 대한민국을 敵으로 규정하고, 조직 내부 행사에서 '적기가' 등 북한 혁명 가요를 제창하는 등 북한과 사상적으로 연계되어 있음
- 또한, 북한식 용어, 언어 습관까지 일상화되어 강연, 문건 작성 시에도 수시로 북한식 용어 및 표현을 사용함

이석기 등 RO 조직원들의 북한식 용어 사용 사례

① 2012년 5월3일 '4·11총선 승리보고 및 黨사수 결의대회'에서의 이석기의 발언

- "더 많은 어려움 시련이 생길 수도 있지만 그 어려움과 시련은 행복과 우리만의 감동을 만들어내는 자산이 될 거라 믿고 가는 길 험난해도 웃으며 갑시다"
*'가는 길 험난해도 웃으며 가자'는 1990년대 중반 소위 북한의 '고난의 행군' 시기 대규모 아사자와 탈북자가 발생하자 주민통제를 위해 제시한 북한의 정치구호

② 2013년 5월10일 곤지암청소년수련회 회합에서의 이석기 발언

- "소집령이 떨어지면 정말 바람처럼 와서 순식간에 오시라. 그게 현 정세가 요구하는 우리의 생활태도이자 사업작풍이고…"
*'바람처럼 와서 순식간에 오시라'는 '은밀하게 모여서 노출을 삼가라'는 북한식 표현이며, '사업작풍'은 '혁명세력의 사상과 방법의 종합적 표현'을 의미

③ 2013년 5월12일 마리스타 교육수사회 강당 회합에서의 이석기 발언

- "조중동맹이라는 조중혈명이라하는 조중의 혁명역사를 주장하는…"
- "엄혹한 조건 하에서 자력갱생 간고분투의 최고의 우주과학의 승리, 북남외교다"
- "조선민족이라는 자주적 관점에서, 남녘의 혁명을 책임지는 주체적으로 자주적인…"

– "타격, 반타격해서 당시의 반타격 대상이 위원장 동지라고…" 등

  *'자력갱생'은 모든 문제를 자신이 책임진다는 의미이며, '간고분투'란 혁명의 시련기에 '고군분투'의 의미로 사용

④ RO 조직원 박○○이 작성한 '복무정형' 제하 문건

– "이곳이 최전선입니다. 오늘의 1211고지는 여의도동 1번지입니다"

– "정치사업을 내미는 손탁이 약해서도 아닙니다"

– "이곳에서 분공을 주신 것보다 더 큰 신임이 또 어디에 있겠습니까"

– "복무정형을 아래와 같이 기술하게 되었습니다"

– "충직성은 가장 먼저 생활력으로 안받침 되어야 합니다"

– "그 사상종자를 선명하게, 대책은 구체적으로…" 등

  *'1211고지'는 일명 '김일성 고지'라고도 하며, 북한행정구역상 강원도 금강군에 소재하고 있는 6·25전쟁 당시 최대 격전지를 지칭

  *'손탁'이란 '손아귀'의 북한 말로 세력 또는 영향이 미치는 범위

  *'복무정형'이란 조직생활에서 조직원들이 지켜야 할 구체적 생활방식 및 형태를 의미

  *'안받침'이란 어떤 일이나 행동 또는 이론 같은 것을 확고히 하기 위해 내적으로 받쳐 주는 것을 의미

  *'사상종자'란 작품의 핵으로서 작가 예술인들이 말하려는 기본 문제와 형상의 요소들이 뿌리내릴 바탕이 있는 생활의 사상적 알맹이를 의미

3

단선연계 방식의 지휘체계 구축

요약

▲ RO는 조직보위를 위해 단선연계 복선포치 형태로 조직 운영

▲ 영도체계를 구축하고, 조직원의 사상학습 및 조직활동을 수시 점검 및 지도→총책인 이석기 중심의 一絲不亂(일사불란)한 지휘체계 확립

◎ **세포조직을 중심으로 단선연계 복선포치 형태로 조직 운영**

- RO는 총책인 이석기를 정점으로 경기동부, 경기남부, 경기중서부, 경기북부 등 지역별 조직과 중앙팀, 청년팀 등 부문별 조직으로 구성되어 있고, 조직 보위를 위해 단선연계 방식으로 조직 운영

- 3~5명으로 구성된 세포단위 조직을 단계별로 배치하고, 단선으로만 연계해 조직원을 지휘 및 감독

- 각 단위 상급 세포책을 통해 전체 세포원들에게 조직 지침을 하달

하고, 세포원의 사상학습, 조직활동 등을 수시로 점검 및 지도하여 조직 방침이 말단 세포원까지 관철되는 엄격한 위계질서를 갖춤
*정기적으로 개인별, 조직단위별 분기총화(3, 6, 9월경)와 연말 총화(11월경)를 실시하여 조직원들의 활동사항 전반을 점검 및 지도

- 나아가 RO는 조직원들에게 현장 활동, 외부 단체 활동, 국회 및 지방 자치단체 진출 등 구체적인 활동분야와 활동시기 등을 결정해 하달함으로써 조직원들은 특단의 사정이 없는 한 거부할 수 없음

◎ **총책인 이석기 중심의 일사불란한 지휘체계 확립**

- RO는 총책인 이석기를 보위하고 그 지시에 철저히 복종하는 이른바 '영도체계'를 갖추고 있음

- 이는 2013년 5월10일 곤지암청소년수련원에서 개최된 비밀회합에서 이석기가 조직원의 기강 해이, 장소의 보안상 부적절 등을 질타하고, "소집령이 떨어지면 바람처럼 순식간에 오라"며 해산한 다음, 2013년 5월12일 오후에 다시 긴급 명령을 발동하자 심야시간(23시)임에도 130여명 대부분이 회합장소에 집결하는 모습에서 이석기 중심의 일사불란한 지휘체계를 확인할 수 있음

4

철저한 보안수칙 준수

요약

▲ RO는 조직 보위를 위해 각종 보안수칙을 세밀하게 규정하고, 이에 대한 철저한 준수를 요구함

▲ 실제로 RO 상부의 보안수칙 관련 지침 하달시 조직원들은 그 이행에 만전을 기하고 있음

◎ **북한의 대남혁명론에 입각한 대남혁명투쟁 전개 과정에서 수사당국의 추적을 피하기 위해 보안수칙 강조**

- RO는 북한의 대남혁명론에 입각한 남한 사회주의 혁명투쟁을 전개하는 과정에서 수사당국에 조직이 적발되는 것을 방지하기 위해 조직원들에게 보안수칙의 철저 준수를 요구했음

- 통신보안, 컴퓨터보안, 문서보안, USB 보안, 외부활동 보안 등 각종 보안수칙을 세밀하게 정하게 있음

◎ **보안수칙 준수실태**

- 2013년 8월28~30일 압수한 압수물 604점 중 디지털 압수물은 164 점이었고, 그중 상당수 압수물에 암호화 프로그램이 설치되어 있었음(암호화 프로그램을 사용하지 않았던 압수물은 대부분 무관한 자료였음)

- 2013년 5월. 두 차례의 비밀회합 시 조직원들에게 회합장소에서 다소 떨어져 있는 곳에 차를 주차해 두고, 핸드폰 전원을 끈 채 참석하도록 지시하여 통신보안과 외부활동 보안을 철저히 준수함

- 또한, 이상호는 2013년 1월 경 "배포된 학습자료 전량 폐기 및 하드디스크 포맷" 지시에 따라 즉시 자신의 사무실에서 사용 중이던 컴퓨터 하드디스크를 교체하여 컴퓨터 보안수칙을 이행함

5

국회를 투쟁의 교두보로 인식

요약

▲ RO는 국회를 대남혁명 투쟁의 교두보로 인식하고 있음

▲ 이에 따라, 이석기는 소관 상임위와 무관한 국방부·외교부 등에 주한미군 관련 사항 등 94건 의 자료를 요청하기도 했음

◎ **대한민국 국회를 '북한 대남혁명론에 입각한 사회주의혁명 투쟁의 교두보'로 인식**

- RO 조직원들은 국회를 혁명 투쟁의 교두보로 인식하고, 2012년 4월. 이석기는 통진당 비례대표 국회의원으로 진출했으며, 이른바 '통진당 부정경선' 사태 후 반대세력을 축출하고 통진당의 주요 당직을 장악

- 2012년 3월8일 개최된 '이석기 지지 결의대회'에서 홍순석은

"2000년대 이석기 동지는 선거라는 것도 중요한 투쟁의 공간이라고 말씀하셨다"고 말하고, RO 조직원 ○○○도 "(이석기 말 인용) 앞으로 시대는 바야흐로 국회가 최전선이 될 거다. 이전에는 바깥 외곽에서 계급투쟁을 해서 국회를 압박했다고 한다면 당면의 목표는 국회에서 벌어질 거다. 거기가 최전선이 될 거다"라고 발언하는 등 국회를 대남혁명 투쟁의 최전선으로 보고 있음

- 또한, 이석기도 2013년 5월12일 비밀회합에서 "진보적 대중역량을 새롭게 구성하면서 지난해 4·11총선 그리고 원내 교두보를 확보하는 그런 전략적 구도 하에 대담한 혁명의 진출을 했다"고 말했음

◎ RO 총책인 이석기는 국회의원 신분을 이용, 소관 상임위원회 관련 자료 뿐만 아니라 국방 등과 관련된 다수 정보 수집

- 이석기는 국회 미래창조과학방송통신위원회에 소속되어 활동하며 소관 부처인 미래창조과학부 등 3개 부처에 '정보통신 기반시설 전력공급 중단 시 대응체계' 등 23건의 자료를 요청

- 이석기는 또 국회의원 신분을 이용하여 소속 상임위원회 관련 부처가 아닌 외교, 국방부 등 10개 부처에 총 94건의 자료를 요청하기도 했는데, 주로 주한미군 등 국방 관련 자료였음

이석기가 소관 부처가 아닌 국방부에 요청한 주요 자료

전작권 전환	
세부 요구내용	– 전작권 전환 합의 이후 진행경과와 향후 추진계획 – 韓美연합전투참모단(韓美연합사 대체) 기능, 역할, 구성범위 및 미국과의 합의여부, 협의 사항 일체

韓美공동 국지도발계획

세부 요구내용 　 – 계획 사본과 내역 및 북한의 국지도발 시 도발원점, 도발지원세력, 그 지휘
　　　　　　　　　세력까지 응징하는 내용이 담겨 있는지 여부(지휘 세력에 대한 구체적 범위)
　　　　　　　 – 계획에 따라 참여하는 駐日미군의 범위

키리졸브·독수리연습

세부 요구내용 　 – 키리졸브, 독수리연습 작전계획 사본 및 범위(북한 포함 여부)
　　　　　　　 – 한국 정부가 미국 측에 핵추진 항공모함 참가를 요청한 내역 및 미국 측
　　　　　　　　　답변, 항공모함 불참 사유

韓日 군사문제

세부 요구내용 　 – 한반도 긴급사태시 자위대의 海路(해로) 확보에 대한 정부 입장
　　　　　　　 – 韓美日 군사 공조에 대한 정부 입장
　　　　　　　 – 美정부와 韓日 군사정보 보호협정 관련 협의한 내용 일체
　　　　　　　 – 韓日 군사정보 보호협정 체결에 대한 정부 입장 및 계획

주한미군

세부 요구내용 　 – 2006년 한미 정상간 주한미군 수를 2만8500명 수준으로 유지키로 했으
　　　　　　　　　나 2011년 현재 9000명 정도 증가한 사유
　　　　　　　 – 2010~2012년간 미군이 우리 정부에 통보한 주한 미군 수
　　　　　　　 – 주한미군 인원변화에 대한 통보절차 규정 및 사본
　　　　　　　 – 주한미군 근무기간 연장 및 가족동반확대 정책 중단에 따른 평택 미군기
　　　　　　　　　지 이전 시설사업 설계변경 현황 및 계획

방위비 분담금 특별협정

세부 요구내용 　 – 제9차 방위비분담금 특별협정 관련 공식·비공식 협상 진행경과 및 향후계
　　　　　　　　　획, 우리 정부의 협상목표
　　　　　　　 – 2008~2012년 인건비 제외 주한미군 총주둔 비용 및 한국이 협정을 통해
　　　　　　　　　부담하는 방위비 분담률
　　　　　　　 – 미국 측이 요구한 한국 측의 방위비 분담률 및 균등 분담의 기준이 되는
　　　　　　　　　총량

무기도입

세부 요구내용 　 – '2016~2018년간 AH-64E 2개 대대 36대를 단계적으로 도입한다'는 국방
　　　　　　　　　부 발표 관련, 美정부·보잉사와 협의한 내역과 향후 추진계획 등
　　　　　　　 – 2012년 9월26일 美국방안보협력국이 美의회에 제출한 한국 공격헬기 구
　　　　　　　　　매의향 의회보고서 사본 및 내역
　　　　　　　 – 국방부가 美정부에 구매의사를 전달한 무기도입 내역 등

6

조직적 대중 선전·선동 활동

요약

▲ RO는 대중 선전·선동을 대남혁명에 있어 중요한 무기로 인식함

▲ RO는 2013년 3월5일 북한의 정전협정 무효화 선언 직후, 결정적 시기가 임박했다는 판단 하에 선전적 실시 지침을 하달함

◎ **RO는 대중 선전 · 선동을 중시하고 있음**

– 이석기는 2003년 8월경 수첩에 기재한 메모에서 혁명조직의 첫 번째 과제로 선전·선동을 거론하며, "선전·선동 거점의 합법성을 더욱 공고화하고 새로운 선전·선동거점을 건설, 사이버 선전에 확대" 하는 것을 계획하는 등 선전·선동을 중요한 혁명의 무기로 인식

– 또한, 이석기는 2013년 5월12일 비밀회합에서 RO 청년팀 소속 박○○의 토론결과 발표를 듣고, "우리 동지들이 제일 잘 하는 것이

선전전이다. 아까 청년들이 선전전을 말했는데 굉장히 중요하다"고 발언하여 선전전의 중요성을 강조함

◎ 대중 선전·선동전 실행 역량 구축

- RO는 2013년 3월5일 북한의 '정전협정 백지화' 선언 직후 조직원들에게 '전쟁 대비 3가지 지침'을 하달했는데, 그중 하나가 "대중을 동원해서 광우병 사태처럼 선전전을 실시할 것"이었음 → '광우병 국민대책회의' 공동상황실장을 맡아 폭력시위를 주도한 혐의로 2008년 11월 구속된 ○○○이 2013년 5월12일 RO 비밀회합에 참석한 사실도 이를 뒷받침함
- RO는 평상시 체계적인 선전전을 전개하고, 혁명의 결정적 시기에 여론을 조작할 수 있는 대중심리전 수행역량의 증강에도 노력

7

북한의 군사도발 등 계속적 위협상황

요약

▲ 2010년 천안함 폭침, 연평도 포격 이후 김정은 체제 하에서도 지속적 전쟁도발 위협 있음

▲ 북한이 2013년 3월5일 정전협정을 백지화하여 전쟁도발 위협 고조됨

◎ **천안함 폭침, 연평도 포격 등 북한의 군사 도발 지속**

- 북한이 2010년 3월26일 백령도 근해에서 천안함을 爆枕(폭침)하여 우리 해군 40명 사망, 6명 실종

- 북한은 또 2010년 11월23일 연평도의 우리 해병대 기지와 민간인 마을에 포격을 가해 해병 및 민간인 4명을 사살하고 약 26명에게 중경상을 입히는 군사도발을 자행하는 등 군사적 위협상황이 지속되고 있음

◎ 김정은 체제 직후 전쟁도발 위협 및 정전협정 폐기

– 북한은 2011년 4월15일 김정은 후계구도를 마무리했지만 3대 세습
  체제의 안정적 구축을 위해 남북간 군사적 긴장태세 조성에 돌입

– 이에 따라, 북한은 2012년 12월경부터 대남 도발 위협을 점증적으
  로 고조시킴

① 2012년 12월12일: 北 장거리 로켓 전격발사, 광명성 3호 발사 성공 발표

② 2013년 1월23일: 안보리 對北제재 확대 강화, 추가 도발엔 중대 조치

③ 2013년 1월23일: 北, 한반도 비핵화 포기 선언, 핵실험 가능성 시사

④ 2013년 2월12일: 北. 3차 핵실험 강행

⑤ 2013년 3월5일: 北, 정전협정 백지화, 판문점 대표부 활동 중단

⑥ 2013년 3월27일: 北, 실제적 군사행동에 핵선제 타격 포함 위협

⑦ 2013년 3월30일: 北, 남북관계 전시상황 돌입 위협

⑧ 2013년 4월5일: 北, 駐北공관·국제기구 대상으로 평양주재 외국대사들의 신변
  안전을 보장하기 어렵다며 전쟁임박으로 出北 권고 메시지 전달

⑨ 2013년 5월7일: 北, 韓美 연합훈련 관련 '즉시적 반타격전 진입'을 위협하고
  5월18~20일 원산인근 호도반도에서 신형 다연장 로켓포 6기를 연이어 발사

8

RO의 정세 인식

요약

▲ RO는 2013년 3월5일 북한의 정전협정 폐기선언을 전쟁상황으로 인식

▲ RO는 전쟁이 임박한 것으로 판단하고, 결정적 시기(즉 전쟁상황)에 폭동을 실행하기 위한 논의
에 착수

◎ **정전협정 폐기를 북미 대결전의 전쟁상황, 즉 결정적 시기 임박으로 판단**

- 이석기는 북한의 전쟁위협이 최고조에 이르자 한반도 정세를 '전쟁
  상황'이 임박한 것으로 판단하고, 2013년 3월 경 홍순석 등 지역책
  을 통해 조직원들에게 '전쟁대비 3가지 지침'을 하달

- '전쟁대비 3가지 지침'은 ①비상시국에 있어 '연대조직'을 빨리 꾸릴
  것 ②대중을 동원해서 광우병(2008년 광우병 쇠고기 수입반대 시위 지
  칭)처럼 만들 것 ③만일 전쟁 발발시 주요시설, 미군기지 등 정보를

수집할 것 등임

◎ **2013년 5월1일 CNP 그룹 직원 대상 특강을 통해 전쟁상황에 대한 대비 필요성 언급**

– 이석기는 2013년 5월1일 서울 이하 不詳地(불상지)에서 ㈜CNP 그룹 직원 20여명을 대상으로 특별강연을 실시했음

– 이석기는 위 특강에서 현 정세가 전쟁상황이라는 인식하에 전쟁상황에 대비한 물질적·사상적 준비를 신속히 갖출 것을 강조함

◎ **2013년 5월10일 곤지암 청소년수련원에서의 회합**

– 이석기는 RO조직원들이 세포 모임 등을 통해 현 정세가 '전쟁상황'이라는 인식을 충분히 공유하였다고 보고, 북한의 전쟁상황 조성 시 이에 호응하는 '사회주의 혁명' 수행방법을 강구하기 위해 2013년 5월8일경 지역책들에게 전 조직원 소집령을 발령했음

– 2013년 5월10일, 22시~22시30분경 '곤지암 청소년수련원'에서 RO조직원 비밀회합을 가졌으나, 본격적 논의에 이르지 못한 채 이석기가 장소의 보안상 문제점, 일부 조직원의 태도 문제 등을 지적하며 해산시킴

– 다만, 위 회합의 사회자인 김○○은 현 정세를 "미 제국주의가 침략하는 전쟁상황"이라고 하면서 "미 제국주의에 맞서 싸워 승리하여 새사회 건설을 결의하자"는 발언을 하고, 이어 발언을 한 이석기도 2013년 3월5일 북한의 정전협정 무효선언이 전쟁상황임을 명백히 함

2013년 5월10일 곤지암 청소년수련원 회합 시 이석기의 주요 발언내용

○ "현재 2013년도에 우리 한반도의 정세는 우리가 그간에 한 번도 경험하지 못한 새로운 역사라는 것. 조금 전에 위기 운운하는데 위기가 도대체 뭐가 위기라는 거여. 전쟁이여"

○ "전쟁에는 두 가지 전쟁이 있다는 겁니다. 정의의 전쟁이 있고 불의의 전쟁이 있고, 혁명의 전쟁이 있고 단위의 전쟁이 있는 거여. 현재 조성된 우리 조선반도의 현 정세는 혁명과 반혁명을 가르는 매우 중요한 시기라는 것을 우리 국민들이 똑똑히 아셔야 된다"

○ "오늘 이 자리는 지난 작년의 당 사태에 대한 교훈과 결의, 새로운 전기를 도모하는 자리가 아니라 한 번도 없었던 60년 이래에 해방 이후에 더 나가서는 조선 백년의 역사에 우리 민족의 새로운 전환을 새롭게 결의하는 대장정을 우리가 어떻게 준비하고 만회할까에 대한 혁명적 결의를 다지는 자리였다고 생각합니다. '○○○ 지휘원' 자네 뭐하는 거야 지금!"

○ "오늘 이 자리는 정세를 강연하러 온 것이 아니라 당면 정세에서 우리가 무엇을 준비하고 무엇을 싸울 것인가? 그 결의를 하기 위해 왔습니다. 날을 다시 잡아서 다시 만나기로 그렇게 마감하는 것으로 대신하겠습니다. 그래도 되겠습니까?"

○ "각자의 또 내가 소집령이 떨어지면 정말 바람처럼 와서 순식간에 오시라. 그게 현 정세가 요구하는 우리의 생활태도이자 사업작풍이고 당내 전쟁기풍을 준비하는 데 대한 현실문제라는 것을 똑똑히 기억하십시오"

○ "우린 준전시가 아니라 전쟁이라고. 3월15일자 조선인민군 최고사령부에서 정전협정을 무효화했다고. 정전협정을 무효화한다는 것은 전쟁인 거라고. 그 전쟁이 기존 전쟁과 다른 형태로 나타날 수 있다는 것을 똑똑히 기억하시면 좋을 것 같애"

9

2013년 5월12일 회합

요약

▲ RO는 2013년 5월10일 1차 비밀회합 해산 후 이틀만에 신속하게 2차 비밀회합을 추진함

▲ 위 회합에서 이석기는 현 정세를 전쟁상황으로 인식하고 물질적·기술적 준비를 지시하였으며, 참가자들은 토론을 통해 국가기간시설 파괴 등 폭동에 대해 모의했음

◎ **2013년 5월10일 1차 비밀회합 해산 직후 신속하게 2차 비밀회합 추진**

– 이석기는 전쟁상황에서 조직원의 혁명적 결의를 최종점검하고, 대남 혁명 수행을 위한 구체적 방안을 신속하게 논의하기 위해 1차 비밀 회합 해산 직후인 2013년 5월12일 22시경 2차 비밀회합을 개최

– 회합은 약 4시간 동안 ①이석기의 정세 강연 형식의 발언→ ②권역별 토론→ ③권역별 토론결과 발표→ ④이석기의 마무리 발언 등의 순서로 진행됐음

◎ **이석기의 정세 강연 형식의 발언**

– 이석기는 북한의 정전협정 폐기 선언 이후 현 상태를 전쟁상태로 인식하면서 북한의 핵실험과 미사일 발사를 찬양하는 한편, 혁명역량 강화 등 전쟁에 대비한 주체적, 자주적 준비가 필요하고, 정치·군사적 준비 및 물질적−기술적 준비가 필요하다고 발언

◎ **경기남부권역의 토론**

– 이석기의 강연 형식 발언 후 권역별 토론 지시에 의해 경기남부지휘원인 이상호 주도로 경기남부권역 조직원들간 토론 실시.

– 이상호는 유류저장고, 철도, 통신시설 등 국가기간시설에 대한 타격을 위해 장난감 총기의 살상용 개조, 사제폭탄 제조법 습득 등을 물질적·기술적 방안으로 제시하고, 한동근은 각자의 초소에서 역량강화 필요성 등을 언급 → 이상호는 실제 파괴 대상인 '한국가스공사', '한국전력' 등을 자신의 아이패드, 스마트폰을 이용해 검색한 사실도 있음

◎ **권역별·부문별 토론결과 발표**

– 권역별·부문별 토론을 마친 다음 참석자 모두가 다시 한자리에 모여 토론결과를 발표하는 시간을 가졌음

2013년 5월12일 마리스타 교육수사회 강당 회합 시 권역별·부문별 토론결과 발표 내용

○ 경기동부권역은 지역책인 김○○이 "정세의 엄중함, 심각함, 긴박함에 대해서 공유할 수 있는 시간이었다"면서 폭동을 준비하는 실행방안으로 '①무장 ②전기통신분야에

대한 공격 ③조직원과 필사적 결의' 등의 협의내용 발표

○ 경기남부권역은 지역책인 이상호가 '①지침, 매뉴얼의 마련 필요 ②무기탈취, 제작 등을 통한 국가기간시설 파괴 ③대중포섭 등 선전전·사상전·심리전 전개' 등의 협의내용 발표

○ 경기중서부권역은 지역책인 홍순석이 '①집단적 조직기풍으로 필승신념 결의 ②무장 ③첨단·해킹기술로 주요시설 마비 ④지도부 보위 ⑤선전전을 통한 대중역량 강화' 등의 협의내용 발표

○ 경기북부권역은 지역 조직원인 이○○이 '①군사관련 매뉴얼 마련 ②미군 정보 수집 ③국가기간산업 침투, 정보수집 ④후방교란 및 무장파괴 등 군사전을 수행할 팀 구성' 등의 협의내용 발표

○ 청년부문은 조직원 박○○이 '①대중 선전전 준비 ②청년부문의 주체역량 강화 ③동조자 포섭 ④조직의 전쟁수행 지침 수행' 등 협의내용 발표

○ 중앙팀은 조직원인 우○○이 '①통신망, 도로망 파악을 통한 정보전 수행 ②조직원의 직무에 충실하면서 결정적 시기 도래시 혁명 수행 ③평상시 직무에서 기술적·물질적 준비 ④긴급 소집에 준비태세' 등 협의내용 발표

○ 기타부문을 대표하여 조○○이 '①수뇌부 사수로 일사불란한 지휘체계 구축 ②강력한 조직생활 및 팀생활로 조직역량 강화 ③목숨 걸고 싸우는 군중사업' 등 협의내용 발표

◎ 이석기의 마무리 발언

− 권역별·부문별 토론결과 발표 후 이석기는 마무리 발언을 통해 '한 자루 권총사상'(제국주의 세력을 타도하기 위해 김일성이 무장 투쟁한 것을 본받자는 취지의 사상론), '볼셰비키 혁명' 등을 예로 들며 대남 폭력혁명의 필요성과 당위성을 강조했음

− 또한, 이석기는 조직원들에게 "총공격의 명령이 떨어지면 각 동지들이 각자의 초소에서 창조적 발상으로 임무를 수행하라"는 취지의 발언을 한 다음 회합을 마무리했음

제 **6** 장

Q & A
통합진보당은
왜 해산되어야 하는가?

1

통합진보당 해산 Q & A

01 정당해산 제도 도입 경위와 제도의 취지는 무엇인가?

해설 우리 헌법에 정당과 관련된 조항이 처음 도입된 것은 1960년 제2공화국 헌법으로, 정당 관련 규정은 현재까지 계속 되어 현행 헌법 제8조에서는 정당의 자유와 한계에 대해 구체적으로 규정하고 있다. 이 가운데 정당해산 제도는 헌법 제8조 제4항에 의해 정당의 목적이나 활동이 민주적 기본질서에 위배된 때에 헌법재판소의 결정으로 정당을 해산시키는 제도이다.

정당해산 제도를 헌법에서 규정하는 이유는 정당해산의 요건과 절차를 명확히 규정해 그 남용을 방지하는 측면도 있지만, 형식적으로 선거제도, 의회제도를 존중하는 듯 한 외형을 갖추고 있으나 자유민주적 기본질서에 위배되는 목적과 활동을 하는 정당을 해산함으로써 실질적으로 민주주의를 보호하기 위함이다. 이것이 바로 '방어적 민주주의'라는 개념이다. 민주주의를 파괴하는 '민주주의의 敵(적)'으로부터 민주주의를 보호한다는 취지이다.

02 **정당해산 제도는 정당을 보호하기 위한 제도로 예외적으로 사용해야 하는 것 아닌가?**

해설 우리 헌법이 정당해산 제도를 규정하고 있는 것은 정당해산의 요건과 절차를 엄격하게 함으로써 정당을 보호함과 동시에 '민주주의의 적'으로부터 민주주의를 보호'하는 방어적 민주주의 성격을 반영하고자 하는 것이다. 형식적으로는 선거제도, 의회제도를 존중하는 듯 한 외형을 갖추고 있으나 자유민주적 기본질서에 위배되는 목적과 활동을 하는 정당을 해산함으로써 실질적으로 민주주의를 보호하는 것이 정당해산 제도이다.

따라서 정당해산 제도의 절차와 요건은 엄격하게 적용해야 하는 것이 사실이다. 그러나 정부는 민주적 기본질서에 위배되는 목적을 가지고 활동을 함으로써 現 체제에 위협을 주는 정당에 대해 헌법재판소에 해산심판청구를 하는 것이 필요하다고 판단한 것이다.

03 **최근 보궐선거에서 8%의 지지를 받은 통진당에 대해 정부가 해산심판청구를 하는 이유는 무엇인가?**

해설 일각에서는 정당해산 심판은 유권자의 투표로 하게 해야지 사법기관에 맡기는 것은 민주주의 훼손이라는 주장을 한다. 그러나 정당활동을 통해 유권자의 심판 대상이 되는 정당이라 할지라도 우리 법질서의 근본인 헌법의 테두리를 넘어서는 것까지 허용해서는 안 된다. 외관으로는 모호한 강령으로 유권자를 호도해 마치 헌법을 준수하는 것처럼 가장하면서 違憲的(위헌적) 이념을 실현하는 활동을 하는 정당까지 보호할 수는 없다.

　정부는 통진당의 강령과 이념이 민주적 기본질서에 위배되고, 통진당이 그동안 민주적 기본질서를 파괴하는 활동을 지속적으로 해왔다고 판단해 헌법재판소의 판단을 받기위해 정당해산 심판을 청구한 것이다. 즉, 통진당의 진정한 실체를 공론화함으로써 국민으로 하여금 보다 더 정확한 인식을 가질 수 있는 계기를 마련할 필요가 있다.

04 2004년부터 현재까지 접수된 통진당 해산 청원이 총 11건임에도 법무부가 그동안 정당해산 심판 청구를 하지 않다가 박근혜 정부 들어 청구한 이유는?

　해설 법무부는 2004년 통진당의 전신인 민노당에 대한 해산 심판 청구 청원을 접수한 후부터 목적과 활동의 위헌성에 대해 지속적으로 관련 자료를 검토하고 수집·분석해왔다. 다만, 정당해산 심판 청구를 하려면 정당의 목적이나 활동이 違憲的이어야만 하는데, 과거에는 RO의 내란음모 사건이 발생하기 전으로 활동의 違憲性을 소명하기에는 부족한 상태였다. 그러나 최근에는 일심회 사건, 왕재산 사건, RO사건 발생으로 구체적인 활동이 소명되었고, 주요 당직자들의 발언, 주요 간행물 및 개별 구성원들의 활동까지 수집하여 심층적으로 분석한 결과, 그 목적과 활동이 위헌적이라고 판단해 정당 해산심판을 청구한 것이다.

05 2013년 9월 법무부에 違憲 정당단체 관련 대체 TF를 구성한 지 2달 만에 정당해산 심판 청구를 한 것으로 보면 충분한 검토 없이 졸속 처리한 것은 아닌가?

　해설 법무부는 2004년 통진당의 전신인 민노당에 대한 해산 심판 청구 청원을 접수한 후부터 목적과 활동의 위헌성에 대해 지속적으로 관련 자료를 검토하고 수집·분석해왔다. 다만 RO 사건 발생 이후 통진당 활동의 違憲性에 대해 국민적 우려가 증폭하자, 헌법가치 수호와 국가 정체성 확립 차원에서 違憲정당뿐만 아니라 反국가 단체 등의 활동에 대한 제재수단 도입 등 종합대책을 마련하기 위해 법무부에 TF를 발족했다. 법무부는 TF를 통해 과거 수사기록 및 관련 자료를 분석하고, 국내 헌법학계 권위자뿐만 아니라 헌법소송 경험이 풍부한 법조인들로부터 충분한 자문을 받는 한편, 국무회의에서 각 부처 장관들의 심도 있는 검토를 거쳐 통진당에 대한 정당해산 심판 청구를 한 것이다.

06 RO사건의 1심 재판 결과가 나오기 전에 정당해산 심판 청구를 한 이유는 무엇인가?

해설 정당해산 심판 제도는 과거 행위에 대한 형사상의 책임을 묻는 제도가 아니라 違憲的 정당에 의한 헌법질서 파괴행위를 사전에 방지하는 제도로 형사처벌과는 성격과 요건이 상이하다. 정당해산 심판 청구를 하게 된 것은 개별적 활동인 RO사건 이외에도 통진당의 강령 등 목적과 당 차원의 활동 등을 종합적으로 검토해 결정한 것으로 반드시 RO 사건의 재판 결과에 좌우되는 것은 아니다.

07 NL계열이 통진당의 전신인 민노당 시절부터 대거 입당을 했는데, 이 문제만 가지고 북한과 통진당을 연계하는 무리가 아닌가?

해설 2001년 9월 極左(극좌)세력의 대중정치 참여를 결의한 '군자산의 약속'을 계기로 민주주의민족통일전국연합(전국연합) 등 NL계열은 PD계열 중심으로 창당된 민노당에 대거 입당했다. NL계열의 민노당 입당에 대해 법무부는 아래와 같이 판단하고 있다.

▲NL계열의 (민노당) 입당은 민노당을 토대로 대중기반을 조성한 후, 대한민국 내에서 혁명을 통하여 최종적으로 공산주의 사회를 실현하려는 북한의 대남혁명전략(NLPDR)에 따른 것으로 NL계열에 민노당은 대남혁명전략을 실현하기 위한 '숙주'에 불과한 것이다.

▲군자산의 약속에서도 민노당을 최종적인 목표가 아니라 단순히 장악해야 할 대상으로 보고 있고, 민노당은 혁명 역량을 강화하기 위한 통일전선적 성격을 지닌 정당으로 NL세력에게는 혁명전략을 추구하기 위한 매개체에 불과하다. 따라서 NL계열의 민주노동당 입당을 정상적인 진보정당 가입의 자유로만 보는 것은 NL계열의 기본노선에 따른 대중 정당 장악 전략을 간과하는 것이다.

▲NL계열은 군자산의 약속 이후 민노당에 입당하여 17대 총선에서 원내진출 및 당원 수 증가를 통해 외연을 확대 하는 한편, 최고위원회 선거에서 당의 재정을 담당하는 사무총장과 강령 및 정책개발을 담당하는 정책위의장 등 주요 요직에 自派(자파) 성향 인사들을 대거 당선시킴으로써 민노당의 당권을 장악했다. 이러한 (NL계열의) 당권 장악 과정은 PD계열이 중심인 민노당에 自派 성향 인사들을 대거 포진시켜 민노당의 정책 방향을 좌지우지하고, 대남혁명 노선을 당내에 확산시키고자 하려는 것으로 이러한 당권 장악 현상에 대해 NL계열은 〈경기동부연합 민주노동당 사업방침〉 등 내외부 문건에서도 스스로 밝히고 있다.

▲NL계열은 북한의 대남혁명전략을 추종하는 세력으로 혁명의 결정적 시기 전까지는 대중조직을 장악하여 당권을 장악하고, 혁명

의 결정적 시기가 도래하면 무력 폭동에 의한 대남혁명을 완수하는 것이 북한의 '강온양면 전술'이다.

▲통합진보당 관련 인사들의 과거 종북사건 분석결과, 북한은 민노당 창당시절부터 3당 합당에 이르기까지 세력확대, 당권장악을 위해 계속 지령을 하달했으며, 이러한 지령 중 상당 부분이 현실화된 것으로 확인했다.

▲민노당 고문이었던 강○○ 간첩사건 확인 결과, 북한은 2000년 민노당 창당준비 상황을 점검하고, 유효 득표 미달로 등록이 취소된 후에도 민노당의 재창당을 독촉하는 등 창당 전후 과정에 적극적으로 개입한 것으로 확인됐다.

▲일심회 사건 확인 결과, 북한은 민노당에 NL계열의 입당, 중앙당과 시도당 장악뿐만 아니라 정책위원회의 장악까지 지시했고, 실제 정책위원장에 NL계열이 당선되고 NL계열이 중앙당을 장악하는 등 그 지령이 실현됐다.

▲왕재산 사건 확인결과, 북한은 2011년 통진당 합당과정 및 2012년 총선연대 과정에서도 적극적으로 개입하여, 실제 2011년 12월 통진당이 출범하였고, 북한 지령과 같이 2013년 3월 민주당(민주통합당)과 통합진보당의 총선연대가 이루어졌다.

*군자산의 약속(일명: '9월 테제'): 2001년 9월 NL계열 최대 대중조직인 전국연합이 충북 괴산 소재 군자산 인근에서 개최한 '민족민주전선 일꾼 전진대회'에서 '3년의 전망, 10년의 계획' 제하로 '3년 이내 민족민주정당 건설, 10년 이내 진보집권 전략 천명' 등 대중 정치 참여를 결의한 것을 지칭한다.

08 RO 조직원은 130명에 불과하고 국회의원 및 주요 보직을 장악하고 있다 하더라도 일부 구성원에 불과한 이 조직의 행위를 통진당의 활동으로 볼 수 있는 것인가?

해설 RO 조직원이 130여명에 불과하므로 통진당의 활동과는 무관한 개별 구성원의 일탈행위라는 주장은 잘못된 것이다. RO 조직원들은 통진당의 주요 당직뿐만 아니라 市道黨(시도당)까지 장악하고, 당의 선거 전략·기획기관, 여론조사기관, 인터넷 언론 기관 및 사회적 지원단체까지 장악했다. 통진당의 핵심세력인 RO의 활동뿐만 아니라 이러한 내란음모 활동을 당 차원에서 비호하고 묵인하고 있고, 심지어 통진당 스스로도 내란음모 모의를 한 2013년 5월12일 회합을 '통진당의 경기도당 행사'라고 주장했다는 점 등을 고려하면 RO의 활동을 통진당과 분리할 수 없다. 더군다나, RO의 내란음모 활동은 북한의 대남혁명 전략에 따른 것으로 개별적 구성원의 일탈행위가 아니라 당의 핵심 세력을 이루고 있는 NL계열이 추종하는 NLPDR에 근거한 활동이므로 당 자체의 활동으로 귀속시킬 수 있다.

09 통진당의 주한미군 철수 주장은 국방 자주화, 한반도 평화, 동북아 비핵화를 실현하기 위한 것으로 북한의 대남혁명 전략과 아무런 관계가 없는 것 아닌가?

해설 통진당의 주한미군 철수 주장을 단순한 국방 자주화, 한반도 평화, 동북아 비핵화 등으로 보는 것은 잘못된 생각이다. NL계열은 민족해방, 계급해방 등 2단계 혁명론을 추종하는데, 그중 민족해방은 우리사회를 미국에 예속된 半식민지 사회로 보고, 이러한 미국과의 예속관계를 타파하기 위해 주한미군 철수를 '자주', 즉 '민족해방'이라는 명목 하에 주장하고 있다. 즉, 통진당의 주한미군 철수 주장은 북한의 대남혁명 전략에 따라 反美자주화 투쟁 노선을 실천하기 위한 NL계열의 기본노선에 근거한 것으로 다른 당의 주장과는 확연히 구분되는 것이다.

이러한 주한미군 철수를 통한 '반미자주화' 주장은 대남혁명 관련 북한 문헌에서도 발견되는데, 이러한 점을 보면 통진당의 주한미군 철수 주장의 진의가 무엇인지 더욱 분명해 진다. 이와 함께 통진당은 강령에서 한반도 비핵화와 주한미군 철수 연계를 주장하고, 강령해설서에서 한반도 비핵화와 평화협정 체결을 병행하는 일괄타결책을 추진하고 있다. 즉, 통진당은 겉으로는 한반도 평화를 주장하지만 주한미군 철수를 통한 평화협정 체결 전까지는 북핵을 폐기할 수 없다는 입장으로 북핵 보유를 옹호하고 있는 것이다. 북한의 핵개발은 미군 주둔 등에 의한 전쟁위협 때문이라고 주장하면서, 미군 철수를 구실로 핵보유를 정당화하려는 북한의 주장에 동조하는 것이다.

10 통진당의 국보법 폐지 주장은 다른 당과 어떤 차이가 있나?

해설 NL계열은 민족해방, 계급해방 등 2단계 혁명론을 추종하면서 '반미자주'로 '민족해방'을 이루고, 각종 惡法(악법) 폐지를 통한 '계급해방'을 주장하는데, 대표적 惡法으로 국보법을 들며 그 폐지를 주장해왔다. 즉, 국보법 폐지 주장은 북한의 대남혁명 전략에 따라 反파쇼 투쟁 노선을 실천하기 위한 NL계열의 기본노선에 근거한 것으로 타당과의 주장과는 확연히 구분되는 것이다. 무엇보다 통진당의 국보법 폐지를 주장하는 것은 북한이 反국가 단체라는 점 자체를 전면 부인하고, 북한을 적법한 국가로 인정하기 위한 속내라고 볼 수 있다.

11 통진당 뿐만 아니라 다른 정당에서도 국보법 위반 사범을 주요 당직자로 기용하고 있는데 어떤 차이가 있나?

해설 통진당의 국보법 폐지 주장은 단순히 형법 보완을 통한 대체입법화를 의미하는 것이 아니라 反국가 단체 활동 자체를 전면 허용하려는 것이다. 당 대표나 국회의원 등이 북한의 反국가 단체성을 인정하는 범민련남측본부 등의 이적단체를 옹호해온 점을 비추어 보면 통진당의 국보법 폐지 주장은 反국가 활동을 허용하고자 하는 의도에서 나온 것으로 볼 수 있다. 아울러 통진당은 국보법 위반 사범을 적극적으로 감싸고, 전력자들을 대거 기용해 당 차원에서 反국가 활동의 토대를 제공하고 있다는 점에서 다른 당과 구분이 된다.

12 통진당의 '진보적 민주주의'는 북한의 김일성이 주장했던 '진보적 민주주의'와 단지 이름만 같은 것 아닌가?

해설 김일성이 1945년 10월 진보적 민주주의에 대해 강연을 한 후, 진보적 민주주의는 북한의 건국이념이 됐는데, 통진당의 진보적 민주주의는 북한의 것과 용어 및 내용까지 동일하며, 도입경과도 NL계열이 주도한 것으로 알려져 있다. 즉, 김일성의 진보적 민주주의는 자주, 연대 연합, 평등, 혁명 등을 핵심으로 하는데, 왕재산 사건의 북한 지령에서 확인된 통진당이 관철해야 할 진보적 민주주의의 핵심 내용과 그 내용이 일치한다.

아울러 2005년 12월 북한은 지하당 일심회에 정책위를 장악하라는 지령을 하달, 2006년 NL계열이 정책위를 장악한 후 NL계열이 중심인 집권전략위원회를 개최해 2009년 제1차 정책 당대회에서 진보적 민주주의를 집권방안으로 채택했다. 또한 2011년 2월 북한은 지하당 왕재산에 '진보대통합 시 강령에 진보적 민주주의 관철할 것'이라는 지령을 하달해 2011년 6월 제2차 정책당대회를 통해 강령 개정시 진보적 민주주의를 도입했다.

13 설사 통진당이 북한의 지령에 따랐다 하더라도 2011년 6월 강령 개정으로 '사회주의 이상과 원칙을 계승한다'는 부분을 삭제하고, 도입된 진보적 민주주의의 내용이 북한의 사회주의를 추구한다고 보는 것은 무리가 아닌가?

해설 통진당이 2011년 6월 강령 개정 당시 민노당 시절 강령에 들어 있던 사회주의적 요소를 삭제한 것은 사실이다. 그러나 통진당의 진보적 민주주의는 NL계열이 추구하는 자주적 민주정부(=진보적 민주주의) 실현 후 궁극적으로 사회주의를 추구하는 단계적 혁명이론에 따라 사회주의적 요소를 우리 사회의 변혁단계에 맞게 수정한 것에 불과하다. 이와 관련, 법무부는 통진당의 진보적 민주주의는 북한의 대남혁명전략(NLPDR)을 추종하는 것으로 자주적 민주정부 수립 후 연방제 통일을 통해 공산주의를 궁극적으로 추구하는 것으로 대외적 위장 전술에 불과하다고 보고 있다.

14 통진당 강령에 등장하는 '민중주권주의'는 특권세력에게 독점된 정치권력을 골고루 나누자는 것으로 '국민주권주의'에 위배된다고 볼 수 없지 않은가?

해설 목적의 違憲性(위헌성)에 대한 판단은 강령뿐만 아니라 강령해설서, 주요 당직자의 발언 등을 종합적으로 고려해 판단해야 한다. 즉, 이러한 자료 등을 종합적으로 분석한 결과, 통진당은 한국 사회를 '일하는 사람이 주인 된 사회가 아니라 소수 특권 세력들이 주인 행세를 하는 사회'로 보아 現 사회를 "거꾸로 된 사회구조"라고 표현하고 있다. 통진당은 이러한 현실인식 하에서 강령해설서에서 "소수의 특권 계급의 정치경제적 특권들을 절대로 허용하지 않고 비타협적으로 싸워"라고 선언하면서 소수 특권계급과 일하지 않는 사람(민중)을 대립적 구도 하에 놓고, 전자와 타협하지 않고 싸워 일하는 사람의 이익을 수호하고 있다.

더군다나 통진당은 강령해설서에서 "일하는 사람은 그 나라 국민 전체를 지칭하지는 않는다"라고 보아 주권자인 '국민'과 별도로 '일하는 사람'이라고 개념을 정리했는데, 이는 국민주권을 현실화한다는 것이 아니라, 국민주권론과 민중주권론을 대립적 구도 하에 놓고 소수특권 세력의 정치적 권력을 빼앗아 민중주권만을 추구한다는 취지이다.

15 통진당의 강령에 등장하는 '민중'이라는 단어는 'people'과 같이 일반대중을 지칭하는 것으로 민중이 주권자라는 것은 국민이 주권자라는 것과 표현의 차이에 불과한 것 아닌가?

해설 통진당이 말하는 '민중'이라는 개념은 우리 사회의 구성원인 일반대중 전체를 가리키는 것이 아니다. 통진당이 소위 '소수 특권세력'이라고 지칭하는 일부 국민들을 전적으로 제외한 개념이다. 통진당의 강령해설서에는 '일하는 사람'과 '민중'을 같은 개념으로 說示(설시)하고, "일하는 사람은 그 나라 국민 전체를 지칭 하지는 않는다"라고 밝혀 이점을 분명히 하고 있다. 이처럼 '국민' 전체가 아닌 '민중'이라는 개념을 전제로 하고, 민중주권주의를 주장하는 것은 "대한민국의 주권은 국민에게 있고, 모든 권력은 국민으로부터 나온다"는 국민주권주의에 위배된 것이다.

16 통진당이 주장하는 '민중'이라는 개념은 국민주권주의에 위배되지 않는다?

해설 통진당이 '일하는 사람'을 '민중'으로 보고, 소위 '소수 특권세력'

은 당연히 제외되는 것으로 한 뒤, '일하는 사람'인 '민중'이 주인 된 세상을 추구한다고 선언한 것의 정확한 의미를 파악해야 한다. 통진당의 강령해설서에는 '민중'과 '소수 특권세력'을 대립하는 관계로 설정하고, 현실은 '소수 특권세력'이 주인이 된 거꾸로 된 사회라고 하며, 비타협적으로 싸워 '민중'의 이익을 수호하여 '민중'이 주인이 된 세상을 건설할 것을 주장한다.

또한 정책당대회 자료집 등에 의하면, 부를 가진 사람만이 최후의 승자로 남는다는 것이 자유민주주의 체제 하의 '국민주권론'의 함정이라고 하면서 자유민주주의와 국민주권주의를 비난하기도 한다. 이러한 점을 종합하면 국민주권주의를 기본으로 하고 '민중' 권리를 보강함으로써 국민 전체가 주권자로 평화롭게 공존하는 사회를 도모하는 것이 아니라, 국민을 '민중'과 그렇지 않은 국민으로 양분해 서로 싸우게 한 후 승자가 되는 '민중'이 우월적 지위를 가지도록 하는 사회를 추구하는 것이 '민중' 주권론의 취지라 할 수 있다.

17 통진당이 북한의 연방제 통일방안을 추구한다고 보는 것은 무리가 아닌가?

해설 북한은 직접적 무력침공을 통한 통일 외에 대남 혁명을 먼저 일으킨 후 북한과 통일하는 방식(베트남 방식)의 통일방안을 병행해 추구해 왔다. 일례로 통진당의 핵심세력인 RO의 내란음모도 무력혁명, 또는 자주적 민주정부 수립 후 연방제 방식 통일을 추구하는 과정에서 표출된 것이다. 북한은 그동안 고려연방제 통일을 주장하다가 6·15선언 이후부터 '낮은단계 연방제'를 추구하고 있는데, 통진당은 '낮은단계 연방제'를 먼저 실시한 후 '높은단계 연방제'(고려연방제)를 추구함으로써 북한의 고려연방제에 동조하고 있다. 북한은 또 온 사회의 주체사상화(김일성·김정일주의화)를 최종 목표로 선언하고 있는데, 통진당의 핵심세력인 RO는 주체사상을 지도이념으로 하고 있고, 통진당은 이러한 RO의 활동을 비호하고 북한의 무력도발도 옹호하는 등 북한의 통일전략에 동조해왔다.

18 RO사건 관련자에 대해 국보법 위반 처벌 및 자격심사 등 개별적 제재로 그 위험성을 방지하기 충분한데 정당 자체를 해산하는 이유는 무엇인가?

해설 통진당은 국보법 위반 전력자들을 대거 기용한 후, 공천을 통해 정치활동 기회를 부여하는 등 정당이라는 미명하에 反국가 활동을 조장하고 있으므로 개별 구성원에 대한 국보법 위반 처벌로는 근본적 해결이 불가능하다. 즉, 통진당의 주요 인사들이 국보법 위반으로 처벌을 받은 후에도 계속 당에서 활동하고 있는 것은 개별적 처벌만으로는 반국가 활동을 방지할 수 없다는 점을 여실히 보여주는 것이다. 또한 개별 구성원에 대한 제명이나 자격심사도 인적교체에 불과하고, 불필요한 정치 쟁점화 가능성이 있는 등 처리가 불투명하여 정당 전체의 違憲的(위헌적) 활동을 억지할 수 없다. 따라서 NL계열이 장악한 통진당의 違憲性을 방지하기 위해서는 정당해산 제도가 가장 적절하고 유일한 수단이라 할 수 있다.

〈정당해산 심판 제도 연혁 및 정당해산 심판 절차〉

1. 정당해산 제도 연혁

○ 1960년 제2공화국 헌법에서 제도 도입 후 현재까지 계속 유지

○ **심판기관 변천:** 헌법재판소(제2공화국 헌법)→대법원(제3공화국 헌법)→헌법위원회(제4, 5공화국 헌법)→헌법재판소(현행헌법)

2. 정당해산 심판 절차 등

○ **심판청구의 주체 및 요건:** 정부는 정당의 목적이나 활동이 민주적 기본질서에 위배될 때에는 국무회의의 심의를 거쳐 헌법재판소에 그 해산을 제소(헌법 제8조 제4항, 헌법재판소 제55조)

○ **해산심판의 심리:** ▲심리는 구두변론에 의함(헌법재판소 제30조 제1항) ▲당사자는 정부가 청구인이 되고, 제소된 정당이 피청구인이 됨 ▲변론은 공개됨(헌법재판소 제34조 제1항)

○ **해산결정의 효력:** ▲헌법재판소가 해산결정을 선고한 때에는 그 정당은 해산됨(헌법재판소법 제59조) ▲해산결정에 의해 해산된 정당의 잔여재산은 국고에 귀속됨(정당법 제48조 제2항) ▲해산된 정당과 동일하거나 유사한 목적을 가진 이른바 '대체정당'의 창설금지(정당법 제40조) ▲해산된 정당의 명칭과 동일한 명칭은 정당의 이름으로 사용 불가(정당법 제41조 제2항)

통합진보당 정당해산 심판 청구 요지(법무부)

▲ 정부는 통합진보당의 목적과 활동이 민주적 기본질서에 위배된다고 판단하여, 금일(11. 5.) 2013년도 제47회 국무회의 심의·의결을 거쳐 헌법재판소에 통합진보당에 대한 정당해산 심판을 청구하였습니다.

▲ 통합진보당의 전신인 민주노동당은 2000. 1. 민노총이 중심이 되어 창당되었으나, 민족해방을 주장하는 NL계열이 입당하여 당권을 장악한 후 종북성향 논란으로 두 차례에 걸친 분당을 거쳐 오늘날에 이르게 된 것으로, 현재는 종북성향의 순수 NL계열로 구성된 상태입니다.

▲ 통합진보당의 목적은 민주적 기본질서에 위배된다고 판단되는바,

– 최고이념인 진보적 민주주의는 과거 김일성이 주장하여 북한의 소위 건국이념이 된 것으로, 우리나라가 미국에 예속된 식민지이고, 소수 특권계급이 주인 행세를 하는 거꾸로 된 사회라고 하면서 우리 사회의 근본적 변화를 도모하는 이념으로, 궁극적으로 사회주의를 추구하는 이념이고,

– 민중주권주의는 진보적 민주주의를 정치·사회적 측면에서 실현하기 위하여 강령에 도입된 것으로, '일하는 사람이 주인 된 세상'을 목표로 하여 소위 특권계층의 주권을 박탈하고 '일하는 사람'인 '민중'만이 주권을 가지는 사회를 추구한다는 개념이므로, 모든 국민이 주권을 가진다는 '국민주권주의'에 반하는 것입니다.

▲ 통합진보당의 활동 역시 민주적 기본질서에 위배된다고 판단되는바,

- 북한의 대남혁명론을 추종하는 '강온양면' 전술에 따라 혁명의 결정적 시기가 도래하면 무력에 의한 혁명을 추구하고, 그 전의 준비기 동안에는 대중정당을 통한 反국가 활동 등에 의하여 혁명역량을 강화하는 것을 도모하고 있으며,

- 이석기 등이 관여한 RO 조직의 내란음모·선동 행위와 일심회 간첩단 사건 등 각종 반국가 활동은 위와 같은 전술에 따라 이루어진 것으로 우리나라 체제를 파괴하려는 활동이므로 자유민주적 기본질서에 반하고,

- 국회를 '혁명의 교두보', 선거를 '투쟁'으로 인식함에 따라 비례대표 부정경선 등으로 민주적 선거제도를 부정하고, 국회 본회의장 최루탄 투척, 5·12중앙위원회 집단폭력 등으로 의회주의 원칙, 정당민주주의에 반하는 활동을 하였습니다.

▲ 무엇보다 통합진보당은 민주노동당 시절부터 창당 및 NL계열의 입당 과정, 강령 개정 및 3당 합당 등 과정에 북한 지령을 통해 북한과 연계되어 온 사실이 확인되어, 존치할 경우 북한과 함께 우리나라의 존립을 위태롭게 할 우려가 상당히 높습니다.

▲ 이에 통합진보당에 대한 해산 심판 및 소속 국회의원들에 대한 의원직 상실선고를 청구하고,

- 위헌적 활동 계속으로 인한 자유민주적 기본질서 침해를 방지할 급박한 필요성에 따라 정당보조금 수령을 비롯한 각종 정당활동정지 가처분도 신청하였습니다.

국가전복세력에 대한 선진국의 대응先例

'방어적 민주주의' 이론은 주로 서독연방 헌법재판소의 판례를 통해 성립됐다. 일반적으로 민주주의는 모든 다양성을 허용하는 상대적인 개념이라 생각되어 왔으나, '방어적 민주주의'는 '절대주의적 세계관에 입각해 민주주의의 전복을 꾀하는 민주주의 敵에 대해서까지 무조건적인 자유를 허용할 수는 없다는 이론이다. 아무리 민주주의라 하더라도 민주주의 자체를 파괴하려는 적으로부터 자신을 방어하는 것은 굳이 방어적 민주주의라는 이론을 제시하지 않더라도 너무나 당연한 것이다.

1. 독일의 사례: 좌익전력자, 공직임용 不可

독일에서 방어적 민주주의 이론이 제기된 것은, 나치(Nazi)에 의해 바이마르 공화국이 붕괴된 이유가 바이마르 헌법에서는 민주주의를 보호하는 장치가 제대로 마련되어 있지 않았기 때문이라는 논거에서 비롯됐다. 헌법 개정의 한계를 규정하지 않은 바이마르 헌법 제76조 때문에 공화국과 민주주의의 폐지를 목적으로 하는 나치당의 정치활동까지 허용됐다는 것이다. 그러나 바이마르 공화국의 헌정사를 연구한 학자들에 의하면, 헌법의 가치중립적인 태도나 민주주의를 보호하려는 헌법적 수단이 부족해서 바이마르 공화국이 붕괴된 것이 아니다. 당시 나치당이 추구하는 목적은 불법적인 수단을 동원해야만 달성할 수 있는 것이었기 때문에 이를 불법화하는 데 문제가 없었다는 것이다.

예컨대 각 州(주)의 헌법에는 행정부의 긴급명령권이 있었고 형법 이외에도 공화국 수호법이 제정되었기 때문에, 이러한 제도적 장치들을 제대로 동원했다면 헌법체제를 붕괴시키려는 시도를 막는 데 현실적으로 큰 어려움이 없었을 것이라는 분석이다. 결국 바이마르 공화국이 붕괴된 것은 바이마르 헌법의 미비보다는 민주주의를 수호하려는 세력과 의지가 너무 미약했기 때문이라는 것이다(헌법재판소 발행, '정당해산 심판제도에 관한 연구' 참조).

이러한 인식은 우리의 현실을 이해하는 데 중요한 시사점을 주고 있다. 反국가 세력의 활동을 규제하는 독일과 미국 등 선진국의 안보관련 입법례를 보면 다음과 같다.

독일의 경우 독일연방공화국의 존립과 자유민주주의적 기본질서를 파괴하는 세력에 대한 형법, 헌법보호법, 사회단체규제법, 테러저지법 등 다양한 국가안보법제와 함께 연방헌법재판소의 결정에 따라 확립된 기본 원칙들을 마련해 놓고 있다.

독일은 과거 빌리 브란트 총리 재임 당시인 1972년 '급진주의자들에 대한 결의'(일명: 급진주의자 훈령)를 헌법보호 조치로 채택, 違憲(위헌) 세력이 공공부문에 침투하는 것을 봉쇄했다. '급진주의자 훈령'은 헌법 상의 자유민주주의적 기본질서를 옹호한다는 보증을 제시하는 사람만이 公職(공직)에 임용될 수 있고, 공무원은 직무 내외를 막론하고 자유민주주의적 기본질서를 위해 적극적으로 노력할 의무를 갖는다는 정신에 바탕을 두고 있다.

이 훈령(급진주의자들에 대한 결의)에 따라 연방 및 州 정부는 공무원 등 공공부문 취업 희망자의 과거 정치적 활동과 헌법에 대한 충성심을 심사해 반국가 성분과 위헌적 성분의 취업지원자들의 임용을 거부했다. 실제로 독일은 1987년까지 약 350만 명의 公共부문 취업희망자의 적격성을 심사, 약 2250명의 임용을 거부했다. 일례로 재미슈(H. Samisch)라는 한 법대 졸업생은 제1차 사법시험(국가고시)에 합격한 후 1972년 슐레스비히 홀시타인州에서 예비사법관 연수과정을 지원했으나, 州 법무장관, 州 대법원장에 의해 연수과정 임용이 거부됐다. 이유는 그가 대학 재학 중 약 40회에 걸쳐 '붉은 세포 법률'이란 공산주의 학습단체에 참여했다는 사실이 헌법보호청에 의해 포착됐기 때문이다. 이 단체는 위헌적 목적을 추구하기 때문에 이 단체의 구성원은 公共부문에 임용될 수 없고, 예비사법관에도 임용될 수 없다는 것이 州 법무당국의 입장이었다.

독일에서는 이 예비사법관 연수과정을 이수해야만 제2차 사법시험에 응시할 수 있고, 제2차 사법시험에 합격한 후 판사·검사·변호사 등이 될 수 있다. 재미슈는 장차 公共부문에서 일할 의향이 전혀 없었음에도 예비사법관 연수과정 임용에서 배제되는 바람에 在野(재야)에서 변호사 활동을 할 기회마저 박탈당하게 된 것이다. 재미슈는 슐레스비히 홀시타인州 행정법원에 訴(소)를 제기했다. 주 행정법원은 충성선서에 관한 규정이 기본법 상 '직업의 자유'를 침해하는 것인지의 여부 결정을 연방헌법재판소에 재청구했다. 연방헌법재판소는 직업공무원제를 규정하고 있는 기본법 제33조 5항이 '직업의 자유'(기본법 제12조 1항)보다도 우선한다고 判示(판시)했다. 즉, 기본법 제33조 5항을 "잠재적 공무원으로서 지원자는 언제든 자유민주주의적 기본질서를 적극적으로 지지해야 하는 의무를 갖고 있으며, 자유민주주의 법치국가는 자신을 파괴하려는 자의 수중에 스스로를 넘겨주지 않아야 한다"고 해석한 것이다(박광작, '전투적 민주주의, 독일의 경우: 反체제 운동 경력자에게 公職 취임을 금지', 〈월간조선〉 2003년 8월호). '급진주의자 훈령'은 독일 통일 후 동독 공산주의 체제의 붕괴로 좌익급진주의의 위험이 사라지자 1991년 12월31일 바이에른州를 마지막으로 폐지됐다.

2. 미국의 사례: 敵과 내통·도움·위안을 주면 반역죄로 처단

미국은 방어적 민주주의 이론에 입각해 연방헌법에서 간첩죄(892조, 799조), 정부전복죄(2381~2391조)외에 전복활동규제법(Subversive Activities Control Act), 공산주의자규제법(Communist Control Act), 국내안전법(Internal Security Act), 국가안전법(Homeland Security Act) 등이 있다.

구체적으로 미국 헌법 제3조는 "美합중국에 대한 반역은 미국에 대해 전쟁을 하거나(levying war), 敵(적)을 추종하거나 敵에 도움과 위안을 주는 행위를 의미한다"고 규정하고 있다. 즉 미국을 상대로 전쟁을 하는 것 뿐 아니라 적을 추종하거나 적에 도움이나 위안을 주는 행위도 반역죄로 정의하고 있다. 이런 헌법 조항에 따라 연방법 18편 2381조는 "미국에 충성하는 사람이 미국을 상대로 전쟁을 하거나 적을 추종하거나 적을 돕거나 적에 위안을 주는 경우는 사형 또는 5년 이상의 징역에 처한다"고 규정한다.

미국은 과거 징집을 반대하는 선동도 치안법 위반으로 처벌을 받았으나, 1960년대 이후 표현의 자유를 존중하는 판결이 나와 단순한 표현 자체를 처벌하기는 어렵다고 해석하고 있다. 원자탄 기밀을 소련에 넘겨

준 로젠버그 부부의 경우 반역죄가 아닌 간첩죄로 사형선고를 받았는데, 이유는 공개적으로 증언을 할 2명의 증인이 없었기 때문이다.

미국에서는 또 고위공직에 임명될 인물의 경우 백악관 인사책임자와 면담을 거쳐야 한다. 면담을 무사히 통과하면 60쪽이 넘는 개인정보진술서를 작성, 제출해야 한다. 학창시절을 증언해줄 고교 친구들의 이름과 연락처, 그동안 살아온 모든 주소, 지난 15년간 다녀온 해외여행 행선지와 목적도 기술한다. 공산당 활동 및 가입을 했는지의 여부, 좌익시민단체 및 백인우월주의단체(K.K.K 및 독일 Nazi 지지단체) 등의 문제서클에 가입하거나 마약에 손대지 않았음을 증언해 줄 주변 인물이 있어야 한다. 마당의 잔디를 정원관리 회사에 맡겨 깎는지의 여부까지 밝혀야 한다. 그 후에는 기나긴 실사 과정을 견뎌야 한다. 이를 토대로 연방수사국(FBI)과 국세청(IRS), 공직자윤리국(Office of Government Ethics) 등이 2~8주에 걸쳐 시골마을이나 이혼한 배우자까지 찾아다니며 샅샅이 조사를 한다.

2

RO 변호인단 주장의 허구성 Q & A

RO의 녹취록 증거능력 관련 해설

01 "녹취록은 헌법불합치 판단을 받은 통신비밀보호법 조항(6조7항)에 근거한 것으로 적법한 증거가 아니다"

해설 통신비밀보호법(통비법) 6조7항 '단서의 기간연장' 부분은 헌법재판소가 2011년 12월31일까지 계속 적용 판결, 그때까지 통신제한조치의 적법성에 영향이 없다(대법원 2012도7455). 그 이후의 통신제한조치는 입법의 不備(불비)에 따른 것으로 위법하다고 단정할 수 없다. 또한 국정원이 합법적 증거라고 밝혀왔기 때문에 통신제한조치 연장을 청구하지 않고 신규로 신청한 것으로 보여, 적법절차를 위반한 것으로 보이지 않는다.

02 "제보자가 임의 제출한 녹취록은 수사기관이 통비법이 정한 절차에 의하지 않고 私人(사인)을 이용해 취득한 것이므로 위법하다"

해설 제보자가 대화의 일방 당사자로서 참여해 상대방 모르게 비밀녹음한 것이므로 통비법이 금지하는 '타인간의 대화'를 녹음한 경우에 해당하지 않아 증거능력이 부정되지 않는다.

03 "통신제한조치 영장을 받았더라도 사인 위탁 집행은 불법이다"

해설 통비법 제14조에서 집행위탁을 허용하면서 위탁대상을 "통신기관 등"으로 한정하지 않고 있고, 대화는 구조적으로 "통신기관 등"을 거치지 않으므로 집행위탁 대상에서 私人이 제외된다고 볼 수 없다. 따라서 私人에게 위탁집행 형식으로 대화감청이 가능하다.

04 "수사기관이 제보자를 돈으로 매수하여 비밀녹음을 사주한 것은 위법 수집증거로 증거능력이 없다"

해설 '함정수사'란 수사기관이 범죄를 교사해 그 실행을 기다려 범인을 체포하는 수사방법으로서 '기회제공형'과 '犯意(범의)유발형'으로 구분된다. 수사기관의 개입 없이 조직생활에 염증을 느낀 제보자가 자의에 의해 이루어진 것이고, 이후 내사과정 협조한 것일 뿐 수사기관의 강압·기망·회유 등에 의해 불법적으로 포섭된 것이 아니라면 위법수집 증거가 아니다. 그리고 지하조직 수사에 있어 내부자 제보와 협조가 필요하며, '범죄조직 내부 제보자'를 '프락치'로 모는 것은 공익신고자 보호에도 배치된다.

05 "집회에서 이석기가 강연을 하는 것은 청중의 한 사람인 통신제한조치 대

상자와 '대화'를 하는 것이 아니므로 집회에서의 강연을 감청하는 것은 통신제한조치의 범위를 벗어난 것이다"

해설 학설과 판례(2006도4981)에 의거, 다수인이 참여하는 '강연'이라도 연사가 청중과 문답을 하는 등 의사소통을 하게 되므로 역시 '대화'에 해당한다고 해석이 가능하다. 또한, 녹취록의 전후 내용상 이석기는 RO 조직원들에게 강연을 하면서 질의응답과 지시를 하였고, 토론 발표 후 마무리 발언을 하는 등 '대화'에 해당된다.

06 "통비법상 통신제한조치로 취득한 자료는 그 사용이 제한되는데 '대상자가 아닌 자'의 발언내용을 '대상자가 아닌 자'의 범증(범죄증거)으로 사용한다면 통신제한조치 허가의 인정 사용범위를 초과하는 것이다"

해설 대법원의 판례(2000도5461) 상 '관련성이 인정되는 범위'에서는 통신제한조치 대상자에 대한 취득 자료를 비대상자의 범증으로 사용할 수 있다. 판례는 '관련성'에 대해 구체적으로 說示(설시)하고 있지 않지만 ▲대상자와 비대상자가 공범관계에 있다는 인적 관련성 ▲각자의 범죄가 내란 음모 등으로 동일·유사하다는 범죄적 관련성 ▲각 범죄는 상호 발언 및 통모함으로써 성립하는 것이고 이것이 같은 시간·장소에서 이루어졌다는 시간·장소적 관련성이 있다. 이와 같은 관련성 하에서 통신제한조치 대상자에 대한 취득 자료를 비대상자의 범죄증거로 사용할 수 있다.

07 "이 사건의 통신제한조치는 국가보안법 위반 혐의 입증을 위한 것이므로 이를 통해 취득한 자료는 다른 범죄의 입증을 위해 사용할 수 없다"

해설 국보법 위반죄와 내란음모죄는 별개의 범죄가 아니라 통신비밀

보호법 제12조 제1호의 '관련되는 범죄'로 볼 수 있으므로 국보법 위반죄 범증확보 목적의 통신제한 조치로 취득한 자료는 내란음모 혐의의 입증을 위해 사용할 수 있다.

내란음모죄 성립 관련 주장

08 "2013.5.12 회합은 국보법상 '동조'는 될지 모르지만 내란음모가 될 만큼 구체적인 모의 내용이 없다"

해설 첫째, 피의자들은 2013.5.12 당시 정세를 전쟁시기로 규정짓고 회합에서 필승의 신념을 가지고 물질적·기술적 준비를 하자는 이석기의 지도 아래 유류저장소, 철도, 도로, 통신망 등 주요 기간시설 파괴와 인명 살상 방안 등을 협의·통모하였다. 이는 추상적·일반적 합의를 넘어 구체적이고 현실적인 실행방법을 논의한 것으로, 이러한 합의내용은 관련자들이 혁명조직의 구성원으로서 현실적으로 실행할 수 있는 방법을 모의한 것이므로 그 실질적인 위험성이 충분히 인정된다(참고판례: 74도3323, 80도2756, 99도3801). 둘째, 내란의 국헌문란 목적은 확정적인 것일 필요가 없고 미필적 인식으로 족하다(판례). 셋째, 반란의 모의 또는 공동실행의 의사에 대한 법원의 인정방법은 상세하게 판시해야 하는 것이 아니고, 공동실행의 의사나 모의가 성립된 것이 밝혀지는 정도면 족하다(대법원 판례 96도23376). 넷째, 내란음모죄에 있어 내란 통모·합의는 단순히 추상적·일반적 합의만으로는 부족하지만 실행 계획의 세부까지 모의할 필요가 없다는 것이 판례의 입장(대법원 판례 80도7056)이므로 수단, 방법, 시기 등이 특정되지 않아도 무방하다.

09 "내란음모죄가 성립되려면 국헌문란 목적, 범죄주체 집단, 내란 수단 · 방법 · 시기 등이 특정되어야 하는데, 피의자들이 국토참절에 '합의'했다는 증거가 없다"

해설 ▲반란의 모의 또는 공동실행의 의사에 대한 법원의 인정방법은 상세하게 판시해야 하는 것은 아니고, 공동실행의 의사나 모의가 성립된 것이 밝혀지는 정도면 족하다(대법원 판례 96도3376). ▲국헌문란의 목적을 가지고 있었는지 여부는 외부적으로 드러난 행위와 그 행위에 이르게 된 경위 및 결과 등을 종합하여 판단한다(上同).

▲내란음모죄에 있어 내란 통모·합의는 단순히 추상적·일반적 합의만으로는 부족하지만 실행계획의 세부까지 모의할 필요가 없다는 것이 판례의 입장(대법원 판례 80도7056)이므로 수단, 방법, 시기 등이 특정되지 않아도 무방하다. ▲2013.5.12 RO 비밀회합 시 철도, 통신, 가스 등 국가기간시설 파괴음모 등은 내란 공동실행의사의 합치로 볼 수 있다.

10 "북한과의 연계를 통한 국헌문란 목적이 없다"

해설 북한과의 연계성이 입증되지 않더라도 내란음모죄 성립이 가능하며, 내란죄 해석 시 남북 분단 상황 등 특수성을 고려해야 하는바, 남북대치상황에서 종북 직업혁명가 집단인 RO에 의한 내란음모는 조직원들 간의 내적의사 합치만으로 충분하다.

북한과의 직접적 연계관계는 필요치 않으며, 내란음모의 주체들이 이념적 기반으로 삼고 있는 '주체사상 및 각종 이적동조 행위' 등 종북성으로 충분하다.

특히 RO 조직원들이 대한민국을 '적'으로 규정하고, 북한식 용어 사용, 북한원전 다량 보관, 주체사상 학습, RO 조직원 비밀회합 시 법원이 이적표현물로 판시한 혁명동지가, 적기가 등을 빈번히 제창한 사실은 북한 추종이 내면화됐다는 증거이다.

11 "내란의 수단, 방법, 시기 등이 특정되지 않았다"

해설 국정원·검찰의 수사결과 발표에 따르면 ▲본건은 주체사상을 추종하고 대남혁명론으로 무장한 RO 조직원들이 비밀리에 일사불란한 지휘체계를 통해 회합을 하고, 총책 이석기가 전쟁상황이라는 정세 판단 하에 물질적·기술적 준비를 해야 한다는 발언을 한 후, 권역별로 통신, 철도, 유류 등 국가기간 시설 타격 등의 구체적 논의를 한 것이다. ▲국가기간 시설에 대한 타격은 전형적인 사회혼란을 획책하고, 후방을 교란하는 행위로 내란죄의 폭동에 해당된다. ▲혜화전화국, 평택유류기지 등 구체적인 타격대상을 거론하면서 그 방법으로 인터넷상 총기제조법, 폭탄 제조 사이트 등을 지목한 점에 비추어 그 행위의 가능성이나 위험성도 충분하다. ▲주체사상과 대남혁명론 수행을 목표로 삼고 있는 조직원들이 사회혼란을 획책하는 행위는 체제 변혁을 위한 것이므로 국헌 문란 목적도 뚜렷하여 내란선동 음모에 해당된다. 한편, 내란죄의 경우 법익침해가 완성된 경우에는 이미 국가의 존립을 보장하는 형법의 규정을 초월하므로 법익침해 이전단계, 즉 법익침해의 위험성이 인정될 때 성립된다고 보는 것이 다수 학설의 경향이다.

12 "내란음모의 주체는 반국가·이적단체가 되어야 하는데, 내란의 주체가 되는 조직의 실체와 체계가 없다"

해설 ▲반국가·이적단체가 내란음모의 주체라는 주장은 관련 판례나 학설조차 인정하지 않고 있는 억지 주장으로 잘못된 *法理*(법리)이다.

▲민변은 RO가 민혁당 조직을 계승했다는 증거가 없다고 주장하나, RO 의 구성원, 강령, 조직운영방식, 결성계기 등을 종합할 때 RO는 反국가 단체 민혁당 조직을 승계, 재편한 것이 명백하다. ▲학계 일각에서는 130 명이 무장봉기 했다는 정도로 내란죄에서의 폭동이 가능한지 의문이라 고 주장하나, 소수정예 직업혁명가에 의한 공산혁명 사례, 월남패망 사 례 등에 비추어 볼 때 지하혁명조직 속성을 모르는 주장에 불과하다.

13 **"철도, 통신, 가스시설의 공격은 헌법기관의 공격이 아니므로 내란죄가 성립할 수 없다"**

해설 戰時(전시) 국가기간시설 파괴는 국헌문란 또는 국토참절 목적 폭동에 명백히 해당된다.

14 **"5·12 모임은 반전평화 및 전쟁발발에 대비한 안전대책 토론이었다"**

해설 5·12모임관련 '통진당' 경기도당 주요 행사일정에 모임 공지사실 이 전무한 점, 도시 농산물 직거래 단체로 예약한 점. 참석자들도 휴대 폰 off 등 보안수칙을 준수한 점 등으로 보아 비밀회합이라는 점에 의 심의 여지가 없다.

국보법 위반, 피의사실 공표 관련 주장

15 **"혁명동지가 등을 제창한 것은 식순에 따른 것으로 이적동조로 擬律(의율) 할 수 없고, 피의자들은 노래를 부르지도 않았다"**

해설 혁명동지가 등 이적표현물인 노래를 제창하는 것은 북한 사회주 의 체제의 우월성을 과시하고 북한의 대남혁명이론에 동조하는 결의를 강화하며, 이러한 인식을 공유하는 조직원간에 일체감을 형성케 함으로써 국가의 존립·안전이나 자유민주적 기본질서를 위태롭게 하는 찬양·동조 활동이다. 이러한 혁명동지가 등 노래의 제창행위를 조직행사의 한 순서로 배정해 공식화하고 있는 것을 보면, 이미 조직원들 사이에 논란이 극복된 후 합의로써 이를 조직행사 중 하나로 삼은 것이라 할 수 있다. 이를 단지 행사 순서 중의 하나로 보아 경시한다면, 이적인식을 공유하는 자들의 이적활동을 일상화시킴으로써 법질서에 대한 무시 또는 적대적 태도를 강화하는 결과가 될 것이다. 피의자들은 행사에 참여한 조직원들과 이적 지정의 인식을 공유하면서 이러한 노래를 함께 제창할 공동의 의사가 있었고, 조직원들이 실제로 노래를 제창해 실행행위를 했다면 자신들이 직접 혁명동지가 등을 제창하지 않았다고 하더라도 이는 이적동조의 共同正犯(공동정범)으로 볼 수 있다.

16 "赤旗歌(적기가)는 독일 민요일 뿐이다"

해설 ▲적기가는 공산혁명을 주제로 한 북한 혁명가요이며 법원도 이적표현물로 판시하고 있다. ▲북한의 《문학예술사전(1991년 刊)》에서는 김일성이 빨치산 활동 시 창작·보급하였다고 규정하고 있다. ▲독일 민요를 행진곡 풍으로 편곡하고, 가사도 완전히 달라 적기가를 '독일민요'라고 주장하는 것은 본질을 흐리기 위한 술책으로 보인다.

17 "녹취록 언론 유출은 피의사실 공표 수준을 넘은 비밀준수의무 위반이고 형사처벌 대상이 아니다"

해설 언론의 취재경쟁 과정에서 녹취록이 보도된 것으로 형사처벌을 주장하려면 무죄추정의 원칙에 따라 주장하는 자에게 입증책임이 있다.

사건의 의의, 법 제도 정비 방향

■ **헌정사상 최초, 국회의원의 내란 음모기도**

- 지하혁명조직 총책이 대한민국의 정치현실과 법의 맹점을 이용, 부정 경선 등 각종 편법을 동원하여 직접 국회에 진출, 내란음모를 주도
- 이를 사전에 적발함으로써 실제로 내란이 실현됐을 경우 국가 전체가 혼란에 빠질 위기상황을 미연에 차단

■ **전쟁 발발 등 유사시 종북세력의 후방교란 책동**

- 한반도에서 또 다시 전쟁이 발발하면 6·25 당시처럼 빨치산이 활동할 것이라는 막연한 가능성이 현실화 된 사건. 유사시에 대비한 방위태세를 점검하고 보완책을 점검할 필요

■ **국회 및 공공기관에 광범위하게 침투, 국민세금으로 내란을 기도**

- 정부 및 지방자치단체 지원금, 민주화운동 보상 등 각종 지원을 받아가며, 이면에서는 '수령의 전사'로 헌정질서 파괴를 모의. 재범방지 및 공직임용 제한 등 법·제도의 정비가 필요

■ **법·제도 정비 방향**

- 국보법 위반 전력자 등 대한민국을 부정하는 북한 추종자에 대해서는 공직(국회의원, 지자체 의원 등)진출 제한 및 상습범 가중처벌 등 사회적 격리 제도 마련. 안보위해 사범의 경우 조직보위, 진술거부 투쟁 등으로 인해 실체규명이 어려운 반면 국가안보에 미치는 위험

성은 多大(대대)하므로, 휴대폰 통신 제한조치 간소화, 디지털 문건
전문법칙 완화 등 필요

3

RO 1심 판결문 Q & A

01 이석기 RO는 김일성·김정일·김정은에 충성 맹세했는가?

해설 수원지법 형사12부는 2014년 2월17일 열린 '이석기 내란음모 사건' 결심 공판에서 이석기에 대해 징역 12년에 자격정지 10년을 선고하며 "李 의원의 모임은 혁명조직 RO가 맞다"며 "李 의원 등이 작년 5월 12일 모인 것은 RO 조직원 모임이었고, 참석자 130명은 主體思想(주체사상)을 지도이념으로 활동하는 RO 조직원이며, 이들을 형법 제87조가 정하고 있는 內亂(내란)의 주체로서 조직화된 다수인이 결합으로 보기에 부족함이 없다고 할 것"이라고 판시했다.

RO가 내란을 모의한 이유는 이들이 모두 주체사상파, 즉 김일성주의자들이기 때문이다. 이석기 등 RO 조직원들에 대한 1심판결문은 "RO 조직원의 가입식인 組織成員化(조직성원화) 절차는 민주열사에 대한 묵념에 이어 지휘성원이 "우리는 주체사상을 지도이념으로, 남한사회의 변혁운동을 전개한다", "우리는 남한사회의 자주·민주·통일 실현을 목적으로 한다", "우리는 주체사상을 심화 보급, 전파한다" 등 조직의 강령을 口頭(구두)로 傳受(전수)했다"고 판시했다.

이어 "指揮成員(지휘성원)이 '우리의 首(수)는 누구인가', '나는 누구인가', '간부의 풍모는' 등으로 물으면 새로 가입하는 조직원은 각 질문에 대하여 '비서동지(註 : 김정일을 가리킴)', 'R가', '충실성, 사상성, 사업작풍'이라고 답하며 김일성·김정일에 대한 忠誠(충성)과 혁명가로서의 삶을 결의하고, 계속하여 북한 혁명가요 제창 등을 했다"고 덧붙였다.

재판부는 조직원들의 김일성·김정일 충성맹세, 북한원전을 통한 의무적인 주체사상 학습과 총화 등을 통한 조직원들의 사상점검 등을 예로 들며 "북한의 김일성·김정일을 '수령'으로 추종하고, '수령의 영도 하에서만 노동계급의 혁명위업을 달성할 수 있다'며 절대적 충성심으로 사상무장하여, 수령으로부터 주어지는 '분공'을 목숨 걸고 관철할 것을 강조하는 '수령론'을 철저히 따랐다"고 판시했다. 재판부는 "피고인 홍순석은 2013. 4.경 세포회의에서 '모든 세포원들은 수령님(註: 김일성)과 장군님(註: 김정일·김정은)의 충실한 일군으로 육성하라'는 주제로 사상학습을 실시하고 하부 조직원들에게 "결사대가 되자"고 강조하였고 … 2013. 5.경 세포회의에서는 조직원들에게 '수령은 생명의 중심이고, 당은 생명의 모체로서 조직원과 대중은 생명체인 당과 수령에 연결되어야만 사회정치적 생명을 가질 수 있다'는 내용의 사상학습을 진행"한 사례 등도 밝혔다.

주체사상과 김일성 가문의 결사대를 자처한 이석기와 RO는 대한민국 파괴를 위해 수단과 방법을 가리지 않았다. 재판부는 "RO가 추구하는 남조선혁명의 궁극적 목표가 폭력혁명노선"이라며 이렇게 밝혔다.

"이석기는 2013. 5. 조직원 비밀회합을 통해 당면 정세가 '혁명과 반혁명'의 대결 국면으로 '미제국주의 지배세력의 60년 지배를 끝장 낼 수 있는 대격변기'이고 한반도는 '조선반도의 자주역량과 미제국주의 지배세력과의 총결산의 장'이라고 역설하면서, 조직원들에게 제국주의에 맞서 무장혁명으로 대항한 항일투쟁 과정의 '한 자루 권총 사상'의 중요성을 강조하고 '볼셰비키 혁명'의 성공 사례를 주장하고 있는바, 이는 'RO'가 추구하는 남조선 혁명의 궁극적 목표가 '항일무장 혁명' 및 '볼셰비키 혁명'의 뒤를 잇는 폭력 혁명노선이고, 그 사상적 기초가 북한의 '총대철학', '선군정치' 등에 있음을 여실히 드러내는 것이다."

▐02▌ 이석기 RO의 김일성 가문에 대한 忠誠은 어느 정도였나?

▐해설▌ 주체사상파, 김일성주의자들은 어느 정도로 김일성 가문에 충성을 다짐할까? 1심 판결문을 통해 몇 가지 단편적 사실을 확인해 볼 수 있다.

예컨대 2013년 4월5일 RO조직원 홍순석·한동근은 북한영화 '월미도'를 시청하고 사상학습을 실시하는 등 이른바 '세포결의대회'를 개최했다.

영화 '월미도'는 在北작가 황건의 소설 '불타는 섬'을 北韓공훈예술가인 리진우가 1983년 각색하여 영화화한 작품이다. 재판부는 이 영화를 "북한이 '살아도 충성, 죽어서도 충성하는 인민군의 전형적인 김일성에 대한 충성심을 사상적으로 높이 형상화한 것'으로 극찬하고 있다"며 "병사들은 위태로운 상황에서도 '김일성 장군 만세! 조국이여! 번영하라!'는 등 김일성 장군에게 편지를 쓰며 충성을 다짐한다는 것으로 소위 혁명적 동지애와 김일성에 대한 충성을 강조한 북한의 혁명영화"라고 설명한 뒤 이렇게 판시했다.

"피고인 홍순석은 위 '월미도' 시청 후 피고인 한동근 등에게 최근의 북한 관련 정세를 설명하며 '월미도'의 정신처럼 자기 위치에서 자기 역할을 하자고 강조하는 한편 김일성을 미화·찬양하고, 피고인 한동근은 김일성에 대한 충성심의 가치는 대단한 것이라면서 신념을 가지고 자신의 역할을 다하겠다고 다짐했다"

판결문에 등장하는 홍순석, 한동근의 주요 발언은 이렇다.

홍순석 : ▲"장군님이 해방시켜 놓은 조국은 인민이 잘 살 수 있는 그래서 가족의 행복을 찾는 기쁨도 찾는 거고 행복을 찾은 조국이잖아? 그래서 지키는 건데, 그래서 장군님을 지키는 것이 조국을 지키는 것이라고 말씀을 하였는데 …" ▲"조국이 막연한 것이 아니라 우리 가족을 지키고 애들을 지키는 게 조국, 싸움인거 같아요. 그리고 장군님 뜻이 그런 거잖아?" ▲"인민을 지키고 인민이 가지고 있는 생명을 지키고 땅을 지키고 이러는 것이 그 뜻이기 때문에. 다른 건 아닌 거 같애" ▲"영화에서 정신처럼 한 사람도 자기 목숨을 다 내놓고 결의하는 것처럼 지금도 비상하게 자기 있는 위치에서 자기 역할을 다 해야 된다는 거고"

한동근: ▲"그런 부분이 가장 어려운 순간에 정세가 이렇게 어려운 상황으로 가는데 요새 그리고 요새는 일촉즉발이라고 하는 게 어떤 상황에서 우리가 상상하지 못한 어려움이 닥칠 수 있다는 생각도 많이 들더라구요" ▲"순간 내 목숨이라든지 가족이라든지 주변의 어떤 그 전에 있었던 이런 이해관계를 넘어서서 조국과 민족 또 지금까지 가치를 해왔던 신념을 가지고 내 역할을 수행할 수 있을

까 다시 한 번 검토해보는 … 그런 표현이 우리 월미도의 전사들 다양한 처지나 조건 속에서 자기 인생을 살아오면서 삶의 가치라 는 게 … 가치 이상으로 우리 사회에 내 정치적 생명이라는지 삶을 빛내고자 했던 그런 가치" ▲"그러니깐 장군님에 대한 충성심 … 그 런 가치는 목숨을 거는 대단한 것이죠. 보통 동지들을 믿고 어려운 상황이 되면 … 상황이 어려워져도 어떻게든 한 몫을 할 수 있도록 의지를 높여가야겠다"

재판부는 "이와 같이 피고인 홍순석, 피고인 한동근은 위 북한 혁명 영화 '월미도'를 교재로 이용하여 목숨을 바쳐서라도 김일성에 대해 충 성하는 것이 신념을 지키는 것이라고 강조하고 김일성을 찬양·미화하는 내용의 사상학습을 진행하는 한편 전쟁 상황에서도 김일성·김정일에 대한 충성심으로 신념을 지켜나가겠다고 결의하였다"고 판시했다.

RO는 김정은 연설문도 주체사상 교재로 활용했다. 홍순석, 한동근 은 2013년 4월25일 사상학습에서 같은 해 1월28~29일 "당원들을 참 다운 김일성·김정일주의자로 만들어야 한다는 요지의 김정은 연설문을 활용했다"며 당시 연설문 요지를 이렇게 밝혔다.

"우리 당과 군대와 인민은 위대한 수령님과 장군님의 불멸의 태양 기아래 더욱 굳게 단결 되었으며 수령님과 장군님의 유훈을 지켜 자주의 길, 선군의 길, 사회주의 길을 따라 곧바로 전진하고 있습 니다. 모든 당원들을 참다운 김일성·김정일주의자로 준비시키는 것 은 우리 당을 영원한 수령님의 당, 장군님의 당으로 강화 발전시키 고 강성국가 건설과 주체혁명의 최후승리를 이룩해나가기 위한 선

결조건이며 결정적 담보입니다. 당원들 속에서 김일성·김정일주의 교양을 실속 있게 벌려 그들을 우리 당의 주체사상, 선군사상으로 철저히 무장하고 혁명의 수뇌부 결사옹위 정신과 사회주의에 대한 투철한 신념, 견결한 반제계급의식을 지닌 열렬한 혁명투사로 튼튼히 준비시켜야 합니다"

판결문은 "이와 같이 피고인 홍순석, 피고인 한동근은 김정은 연설문을 교재로 이용, 세포책임자들이 세포원들을 수령님과 장군님의 충실한 일꾼으로 육성하여야 하고, 세포원들은 당을 위해 군중과의 사업을 잘 해야 하며, 책임자들이 정치사업에 모범을 보여야 한다는 내용의 사상학습을 진행하였다"고 판시했다.

이석기 RO 회합에선 소위 '혁명동지가'가 불려졌다. 특이한 것은 RO 회합은 물론 이들이 주도한 다른 회합에서도 '혁명동지가'가 불려진 것이다.

판결문에 따르면 ▲2012년 3월8일 성남시 분당구 정자동 '킨스타워'에서 개최된 '이석기 지지 결의대회' ▲2012년 5월3일 같은 장소에서 열린 '4·11총선 승리보고 및 당 사수 결의대회' ▲2012년 6월21일 용인시 기흥구 경희대학교 회의실에서 열린 '통합진보당 당직선거 출마자 결의대회' ▲2012년 8월10일 경기도 광주시 '곤지암 청소년수련원'에서 열린 '진실승리 선거대책본부 해단식' 등에서 300~400여 명이 모여 혁명동지가를 제창했다. 혁명동지 가사는 이렇다.

"동만주를 내달리며 시린 장백을 넘어 진격하는 전사들의 붉은 발자국 잊지 못해 돌아보면 부끄러운 내 생을 그들에 비기랴마는 뜨거웁게 부둥킨 동지, 혁명의 별은 찬란해. 몰아치는 미제 맞서 분노의 심장을 달궈, 변치말자 다진 맹세, 너는 조국 나는 청년"

"돌아보면 부끄러운 내 생을 그들에 비기랴마는 뜨거웁게 부둥킨 동지, 혁명의 별은 찬란해. 몰아치는 미제 맞서 분노의 심장을 달궈, 변치말자 다진 맹세, 너는 조국 나는 청년. 몰아치는 미제 맞서 분노의 심장을 달궈 변치말자 다진 맹세, 너는 조국 나는 청년"

재판부는 "'혁명동지가'는 김일성의 항일무장투쟁을 선전·미화하고, 대한민국을 미 제국주의의 식민지로 보고 북한의 자주·민주·통일 노선을 선전하고 반미자주화투쟁을 선동하는 등 북한의 對南혁명노선에 동조하고 혁명투쟁 의식 고취를 선동하는 내용"이라고 판시했다.

03 제2·제3의 RO는 지금도 권력진출을 꾀하고 있는가?

해설 이석기와 RO는 왜 정치권에 진출한 것일까? 재판부는 "RO가 선거를 대남혁명의 중요한 투쟁수단, 국회를 계급투쟁의 최전선"으로 보면서 "RO 조직원의 국회의원 당선을 교두보 확보", "RO가 통진당의 당권을 장악해 정치적 합법공간을 확보한 것을 혁명의 진출이라고 평가했다"고 판시했다.

RO는 소위 혁명을 위해 반드시 권력을 잡아야 한다고 믿었다. 이는 지금도 전국에 지역별, 직능별, 정당별로 산재해 있다고 알려진 제 2·제3의 RO가 끝없이 권력진출을 꾀하고 있다는 것을 뜻한다. 재판부는 "RO가 조직의 결정에 따라 조직원들을 국회, 지방자치단체, 지방의회, 사회적 기업, 각종 사회단체 등에 침투시켜 대중적 혁명역량을 강화하고 있다"며 "구체적인 활동분야와 활동시기 등을 결정하여 하달하고, 이에 대하여 조직원들은 특단의 사정이 없는 한 조직의 지시·지침을 거부하지 않는다"고 밝혔다.

이는 RO의 실체를 제보한 내부고발자 李 모씨(46) 증언에도 등장한다.

李 씨는 2013년 11월21일 이석기 재판 증인으로 출석, "RO 조직원들은 정당가입이 금지된 ○○○ 등 소속을 빼면 모두 통진당원"이라며 "민노당(현 통진당) ○○시 비례대표나 국회의원 후보자도 RO의 세포 모임에서 논의됐다"며 "RO 조직이 결정한 인물 가운데 2명이 전·현직 ○○시의원이고, 통진당 ○○○○도 RO 조직원"이라고 했다.

재판부는 또 "혁명조직의 최종목표가 정치권력 장악임을 명확히 밝히며 이에 반대하는 대한민국을 敵(적)으로 표현하는 한편, 폭력으로 敵의 반동공세를 제압하여 정치권력을 장악하겠다는 의도가 담겨있다"고 덧붙였다. 폭력을 동원해 결국은 권력을 잡자는 논리는 의미심장하다.

내부고발자 李 씨는 2013년 11월21일 재판에서 "2004년 12월 RO 가입 이후 RO의 지시에 따라 비정규직·무상급식 등 현안이나 한미FTA·4대강·평택미군기지 이전·용산 재개발·광우병 촛불시위·쌍용자동차 노조 집회 등 등 반대 시위에 빠짐없이 참석했다"고 밝혔다. 광우병 촛불시위 등 李씨가 언급한 대부분 집회는 폭력이 동원된 정치적 시위라는 공통점이 있다.

필사적으로 정치권 진출을 꾀해 온 RO는 이석기 당선 이후 어떠한 활동을 했을까? 판결문은 "이석기가 국회의원의 신분을 십분 활용하여 국가안보와 관련된 자료에 접근하였다"며 아래와 같이 판시했다.

"이와 같은 의도(註: 정치권 장악을 통한 혁명 완수)로 국회에 진출한 피고인 이석기는 2012. 9.경부터 2013. 7.경까지 약 10개월간 국회 미래창조과학방송통신위원회에 소속되어 의정활동을 전개하는 과정에서, 소관 부처인 미래부 등 3개 부처에 국가 재난관리 대응체계, 전력공급 중단시 대응체계 등 정보통신·전력 기반시설 등에 관한 자료 23건을 요청하여 그 중 일부를 입수하고, 북한의 전쟁도발 위험이 높아지던 2013. 4.경 국방부에 ①전시작전통제권 환수 ② 키리졸브, 독수리 연습 ③주한미군 근무기간 연장 및 평택 미군기지 이전사업 ④한미 공동 국지도발 대비계획 ⑤미 정부와 한일 군사정보 보호협정 관련 협의 내용 ⑥대형 공격헬기 도입 사업 등의 자료를 요청하여 일부 자료를 제공받았으며, 계속하여 2013. 7.경부터 같은 해 8.경까지 국방부에 ①반환 미군기지 관련자료 ②NATO와의 군사협력 현황자료 ③평택 미군기지 이전사업 관련자료 등 총 15건의 자료를 요구하여 일부 자료를 제공받는 등 국회의원의 신분을 십분 활용하여 국가안보와 관련된 자료에 접근하였다"

참고로 이석기와 RO의 정치권 진출에 대한 열심을 추측케 하는 판결문 내용 중 일부를 인용하면 아래와 같다.

▲"피고인 홍순석은 2012. 3. 8. 성남시 분당구 소재 킨스타워에서 개최된 '이석기 지지 결의대회'에서 피고인 이석기가 '선거라는 것도 중요한 투쟁의 공간'이라는 인식하에 한국사회에서 유력한 사회동향연구소와 CNP전략그룹을 만들어서 과학적인 선거운동을 지도해 왔다는 취지로 발언하여 피고인 이석기가 선거를 대남혁명의 중요한 투쟁 수단으로 인식하며 통합진보당의 각종 선거를 이끌어 왔음을 밝히고 있다"
▲"(앞에 이어) 같은 자리에 참석한 윤○○은 피고인 이석기가 이전에

는 바깥에서 계급투쟁을 해서 국회를 압박했다면, 이제는 국회가 최전선이 될 것이라는 취지로 발언한 사실을 언급하며 국회를 계급투쟁의 최전선이라고 평가한 위 피고인의 언행을 참석자들에게 소개하고 있고, 김○○는 피고인 이석기가 이제는 정치컨설팅에서 벗어나 '통합진보당의 지도부'가 되어야 한다고 주장하면서 위 피고인에게 축적된 선거전략과 투쟁전략, 집권전략이 통합진보당과 한국 변혁운동에 절대적으로 필요하다는 취지로 발언"

▲"피고인 이석기는 2013. 5. 12. 마리스타 교육수사회 강당에 결집한 조직원들에게 직장이나 활동장소를 '제국주의 상대 전쟁의 최전방 초소'라고 칭하며 RO가 통진당의 당권을 장악하여 정치적 합법공간을 확보한 것에 대해 '혁명의 진출'이라고 표현하고, RO 조직원의 국회의원 당선을 '교두보 확보'라고 평가하였다"

04 이석기는 왜 2013년 봄 내란을 준비했을까?

해설 이석기는 왜 2013년 봄 내란음모에 박차를 가하게 됐을까? 이유는 핵폭탄 탓이다. 북한이 2013년 2월12일 3차 핵실험을 벌이자, 이석기는 핵무기가 이른바 '소량화' 즉 소형화됐다고 보았다. 결정적 시기가 왔으니 북한이 정교해진 핵무기를 배경으로 국지적 도발을 벌일 때 후방교란을 위한 물질적·기술적 준비를 해야 한다는 것이다.

이석기 사건은 북핵과 종북이 결합한 대표적 사례인 것이다. 예컨대 2013년 5월12일 밤 10시 이석기 등 RO조직원 130명이 '마리스타 교육수사회 강당'에 모였다. 판결문에 수록돼 있는 당시 이석기 연설은 이랬다.

▲"조국의 현실은 전쟁이냐 평화냐고 하는 엄중한 상황에 놓여 있고

침략전쟁을 정의의 전쟁으로 화답하고자 하는 전민족의 투쟁의 의지가 높아가고 있는 현실입니다. … 핵보유 강국 개념의 분기점은 이미 북은 3차 핵실험을 통해서 소량화·경량화·다종화를 이뤘고, 더 나아가서는 정밀도, 정밀도에 의해서 미국 본토까지 타격할 수 있는 위협세력으로 등장했다. 이 말이 곧 핵보유 강국이라는 겁니다"

▲"핵보유 강국이 되면 전면전이 없는 거예요. … 전면전이 아닌 局地戰(국지전), 정규전이나 전면전이 아닌 非正規戰(비정규전), 이런 상태가 앞으로 전개가 될 것이다. … 이게 그 전과는 다른 현재에는 정치, 군사적인 대결을 첨예하게 전개되고 있다는 것. 그게 심리전, 사상전, 선전전에서 다양한 방면에서 전개되고 있다는 것이 그전과 다른 새로운 전쟁의 형태다"

이석기는 북한이 소위 핵무기 소형화에 성공했다고 확신했다. 북한이 앞으로 핵을 등 뒤에 깔고(註: 이것을 병풍전략이라고 부른다) 전면전이 아닌 局地戰 또는 非正規戰 형태로 도발에 나서면 소위 "남녘의 혁명가는 필승의 신념으로 무장하여" "정치 군사적 준비를 해야 한다. 기술 준비가 필요하다"며 기간산업 시설파괴 등 무장폭동을 준비한 것이다.

이석기는 이날 회합 북핵 관련 발언에서 "우리가 지배세력이 아니잖아. 근데 北 집권당 아니야. 그렇지. 거기는 모든 행위가 다 애국적이야. 다 상을 받아야 돼. 그런데 우리는 모든 행위가 다 반역이야. 지배세력한테는 그런 거야"라고 덧붙였다. 반대한민국 의식세계를 보여주는 발언이다.

공교롭게도 북한은 2012년 말 '전시사업세칙'을 개정, 남한 내 북한의 소위 애국세력, 즉 종북세력 요청이 있을 경우 '전시상태'를 선포할 수 있도록 규정했다. "남조선에 혁명이 일어나면 같은 민족의 입장에서 방관할 수 없다. 남조선 인민을 적극적으로 도울 것"이라는 김일성의 교시는 북한의 핵무기 개량과 함께 여전히 살아 있는 셈이다.

북한과 핵무기, 남한의 종북은 공동운명체이다. "주체혁명 완성"이라는 한반도 공산화를 위해 북한은 '끝없이' 도발할 것이고 핵무기를 개량할 것이며 종북을 부추길 것이다. 이석기 같은 주사파 세력이 사라지지지 않는다면, 핵무기는 더욱 예리하게 업그레이드될 것이고 북한의 도발과 종북의 亂動(난동)도 마지노선을 넘게 된다.

05 이석기는 왜 압력밥솥 사제폭탄 운운했을까?

해설 이석기 내란 혐의가 인정된 이유는 대한민국의 폭력적 顚覆(전복)을 시도한 사실에 있다. 이석기는 2013년 8월30일 기자회견에서 소위 "뼛속까지 평화주의자"라고 밝혔지만, RO회합에서는 소위 혁명을 위한 "물질·기술적·정치·군사적 준비"를 강조했다.

법원과 검찰의 판단은 아래와 같다.

> "본건은 북한의 주체사상과 대남혁명론을 추종하는 지하혁명조직
> 의 조직원들이 북한과의 전쟁상황이 임박하였다는 정세인식하에
> 전쟁 상황이 오면 대한민국의 자유민주주의 체제를 폭력적으로 顚
> 覆(전복)하려는 사회주의 혁명을 결의하였다가 발각된 사건이다"

이석기는 "평화로 가기 전에 전쟁이 있다"고 전제 하에 "우리 동지부대가 선두에서 적들에게 군사적인 파열음을 내고, 적들의 통치에 파열구를 꺼내는 선봉이 될 것"을 촉구했다.

이에 대해 조직원들은 '총기 폭탄 구입·제조, 무기 탈취, 철도·통신·

가스·유류시설 등 주요시설 타격, 주요시설 근무자 포섭, 정보전·선전전' 등 구체적 발언을 했었다.

판결문에 수록된, 5월12일 밤 10시 경 열린 '마리스타 교육수사회 강당' 회합 당시 이석기 발언은 이렇다.

▲"오는 전쟁 맞받아치자. 시작된 전쟁은 끝장을 내자. 어떻게? 빈손으로? 구체적 준비하자. 政治(정치)·軍事的(군사적) 준비를 해야 한다. 구체적으로 하면 物質(물질)·技術的(기술적) 준비 체계를 반드시 구축해야 한다"

▲"그야말로 끝장을 내보자. 그래서 이 끝장내는 역사의 새로운 전환기를 우리 손으로 만들 데 대한 긍지와 자부심을 바탕으로 당면 정세를, 또 다가오는 전투를 준비하자. 이건 이미 전쟁으로 가고 있다는 거. 새 형태의 전쟁이라는 것을 말씀드립니다"

▲"그런데 오늘 강의의 핵심주제는 평화에 대한 무기를 정치·군사적으로 준비를 해야 한다. 왜? 그 최후에 어떻게 되겠어? 그러나 역사적 경험과 그 조선반도에 진행된 결과를 보면 최후에는 군사적으로 결정될 수밖에 없다. 그러한 준비를 우리는 단단히 해야 한다. 정전협정, 평화협정 그게 중요한가?"

이석기 발언 이후 권역별 토론이 진행됐고, 이튿날 새벽 1시30분 경 이석기는 이렇게 마무리 지었다.

▲"오늘 강조된 것은 물질, 기술적 준비 문제만이 아니라 전제하에 현 정세에 대한 주체적으로 자기 입장을 투철히 하자. … 지금 우

리에게 필요한 것도 한 자루 권총이란 사상이에요. 이 한 자루 권총이 수만 자루의 핵폭탄과 더한 가치가 있어요. 우리가 관점만 서면 핵무기보다 더한 것을 만들 수 있어. 이게 쟤들이 상상 못할 전쟁의 새로운 것이에요"

▲"A라는 철탑이 있다고 합시다. … 그 철탑을 파괴하는 것이 군사적으로 굉장히 중요하다. … 정말 보이지 않는 곳에 … 을 숨겨놔도 그야말로 쟤들이 보면 귀신이 곡할 노릇이야. 존재가 보이지 않는데 엄청난 위력이 있어서 도처에서 동시다발로 전국적으로. 그런 새 형의 전쟁을 한다면 그 새로운 전쟁에 대한 새로운 승리를 새로운 세상을 갖추자. 언제부터? 이미 그전부터 갖췄어야 하는데 오늘부터 하자"

▲"이 싸움은 이기는 거야. 이기는 거다. 왜? 분단은 무너지는 거다. 통일시대, 시대의 민족사에 있다"

▲"볼셰비키는 제국주의, 지배세력에 대한 전쟁이다. 그것을 보고 국내 내전으로 전환했다. 그게 볼셰비키 혁명역사예요. 그 입장을 견지하면서 줄초상이 났지. 엄청나게 죽었다, 그 당시에. 그 당시에는 엄청난 피해가 있었으나 나중에 종국적인 혁명의 승리하는 데 결정적인 계기가 된 거야"

▲"이 첨예한 시대에 우리 세대가 통일의 조국통일의 새로운 역사를 만드는 첫 세대가 된다는 것 나는 영예롭다고 봅니다"

▲"물질, 기술적 銃(총)은 어떻게 준비하느냐? 인터넷 사이트 보면 사제폭탄 사이트가 있어요. 심지어는 지난 보스턴 테러에 쓰였던 이른바 압력밥솥에 의한 사제폭탄에 대한 매뉴얼도 공식도 떴다고. 그러니깐 관심 있으면 보이기 시작한다. 근데 관심 없으면 주먹만 지르는 거에요. 이미 매뉴얼은 떴는데 쟤들은 이미 벌써 그걸

추적하고 있다는 것. 그게 현실이라는 것"

이석기는 소위 혁명을 위한 물질·기술적·정치·군사적 준비를 거듭 강조했고 조직원들의 대비태세를 확인한 뒤 철탑파괴, 사제폭탄 등 구체적 실례를 들었다. 대한민국 파괴를 위해선 수단과 방법을 가리지 말라는 요지였다.

06 이석기 RO는 왜 파출소 무기 탈취를 모의했을까?

해설 이석기 사건 관련, 검찰은 求刑(구형)의견문을 통해 "곤지암·마리스타 회합은 테러나 폭동 수준을 넘어 군사적 방법, 무장투쟁에 의한 혁명을 결의하고, 이를 위해 구체적으로 RO 조직의 정비 방안, 각종 군사적 행동 방법을 모의한 것"이라고 밝혔다. 법원은 이 같은 검찰의 판단을 수용, 이석기에 징역12년 형을 선고했다.

2013년 5월12일 마리스타 회합을 예로 들어보자. 이석기의 冒頭(모두) 연설 이후 권역별 토론이 진행됐는데, 파출소 무기 탈취는 물론 폭탄제조에 관한 구체적 논의도 있었다. 이에 대해 조직원들은 "사람 살상" 운운하는 등 폭탄이 단순한 공갈용이 아님을 스스로 밝히고 있다. 모의된 내용이 단순한 테러나 폭동 수준 이상인 것이다.

판결문·구형 의견문 등을 종합한 권역별 대책은 아래와 같았다.

"▲남부권역에서 銃器(총기) 개조, 폭탄 제조, 파출소 무기 탈취 등 무장 방법, 혜화전화국·분당IDC, 평택 유조창, 미군 유류라인 등 철도·통신·가스·유류시설 파괴, 주요시설 근무자 포섭, 지침·매뉴얼 마련, 비상식량 확보 등이 모의됐고, ▲동부권역에서는 총기 무

장, 전기·통신 분야 공격 등이 모의됐고, ▲중서부권역에서는 銃
(총) 준비, 무기 습득, 해킹기술로 레이더기지 마비 등이 모의됐고,
▲북부권역에서는 後方攪亂(후방교란), 무장과 파괴, 美군속들의 움
직임 파악, 발전·지하철·철도 등 국가기간산업 침투, 행정부서 전산
망 파악, 예비역 중심 팀 구성 등이 모의됐고, ▲청년부문에서는 시
설 폭파, 사상전·선전전 준비 등이 모의됐고, 중앙팀에서는 銃(총)
준비, 공대 나온 사람이 당사 2층에서 폭약 만드는 방법 공부 등"

판결문에 등장하는 조직원들의 구체적 발언과 법원의 판시 내용은
이렇다.

경기남부권역 조직원들의 협의에서 **피고인 이상호**는 "인천에 그런 시
설이 있는 거죠. 우리가 조사를 해놨습니다" "터치를 하는 데 있어
가지고 인터넷에 나와 있는 주소가 다 틀려요. … 우리가 조사해본
바에 의하면, 그런 부분들을 좀 찾아낸 부분들이 있어가지고" "우
리가 검토한 바에 의하면 그 시설이 실제로 경비가 엄하진 않았는
데"라고 말하는 등 위 '전쟁대비 3대 지침'에 따라 '주요시설에 대한
정보'를 사전에 입수하였음을 내비치면서 …
"우리나라에서 유류저장이 세계에서 가장 큰 데가 평택에 있는 유
조창, 이게 세계에서 가장 큰 저장소에요. 근데 그게 2010년도에
군사훈련을 한 게 나와 있어요. … 거기서 나온 자료에 의하면 그
탱크를 둘러싸고 있는 것은 거기 뭐야 안에 있는 게 니켈합금이에
요. 그것이 관통하기가 어려워요. 더 중요한 문제는 뭐냐면 니켈합
금을 감싸고 있는 것이 두께가 90㎝에요. 벽돌로 시멘트로. 그래서

그것이 총알로 뚫을 문제는 아니거든요"

"전시상황이라든지 중요한 시기에는 우리가 통신과 철도와 가스, 유류 같은 것을 차단시켜야 되는 문제가 있는 거죠. 안에 들어가서 시설을 파괴하는 것이 가장 효과적인 방안이고 중요시설 안에서 이것들을 하는 것이 가장 중요하다"

"철도 같은 경우도 철로의 위를 바꾸는 문제가 아니라 그 철도가 지나가는 데 있어가지고 통제하는 곳 이거를 파괴하는 것이 가장 효과적 방법이다. 통신 같은 경우도 가장 큰 데가 혜화국이에요. 전화가 혜화동에 있어요. 그 다음에 분당에 있습니다"라는 등으로 말하여 혁명적 상황에서 우선적으로 유류저장고·철도·통신시설 등 국가기간시설에 대한 파괴활동에 나서야 한다는 점을 제시하고, "南(남)에서 전시상황이 벌어지거나 상황이 된다고 하면은 목숨을 걸고 투쟁하지 않으면 안 되는 일들이 있는 거죠""아까 얘기한 것처럼 결정적인 시기가 되면 우리가 목숨을 걸고 수행해야 할 각자 임무들이 부여되면""그 다음에 얘기했던 필승의 신념 문제인데 비상한 시기에 조직의 방침대로 산다라고 하는" 등으로 말하여 전시상황에서 조직의 임무 부여와 지침에 따라 조직원들이 목숨을 걸고 집단적인 파괴활동에 나서야 함을 계속 강조하면서, 조직원 각자의 물질적·기술적 준비와 관련하여, "예를 든다면 지금 이제 외국에서 수입해 오는 장난감 총 있잖아요. 근데 그게 80만 원 짜리에서 90만 원 짜리 들어가게 되면 가스쇼바가 있는데 개조가 가능하며 그것이 안에 들어가면 비비탄 총을 갖다가 새를 쏘지 못하게 하는 것을 사람을 조준하게 만드는 일반 총이 있어요. 그런 것들을 포함해서 예를 들려고 한다면 아니면 지금은 인터넷에서 무기를 만드는 것들에 대한 기초는 나와 있어요"

"지금 중학생들도 인터넷에 들어가 가지고 爆彈(폭탄)을 만들어가지고 사람을 殺傷(살상)시킬만큼 위험을 만들 수 있어요. 그만큼 많이 나와 있습니다"

"예를 들면 폭탄을 제조하는 데 있어서 거기에 내가 참여하는데 있어서 능력 있는 사람이 있다고 하면은 그 사람이 거기에 우리가 추천하고 참여하면 되는 거예요. 그런 것들을 잘 연구를 해봐야 되겠죠. …"

피고인 이상호는 경기남부권역을 대표하여, "총은 준비해야 되는 게 아니냐? 이런 의견이 나왔습니다. 어떻게 총을 만들거냐? 부산에 가면 있다" "항일의 시기에도 지금처럼 기술이 발달되지 않은 시기에도 만들어 썼는데 우리가 손재주가 있고 결의가 있고 거기에 재주가 있는 사람이 있다고 한다면 우리가 만들 수 있지 않겠는가?"

"집단적인 논의를 통해서 정말로 내가 탈취를 하는 과정 이라던가 혹은 내가 무기를 만드는 과정 이라던가 뭔가 내가 통신선을 파괴하는 어떤 나한테 어떤 임무가 주어질지 모르지만 이러한 것들이 구체적으로 자기의 목숨을 내놓지 않으면 안 되는 상황에 대해서 …" "물리적인 타격도 중요하겠지만 물리적인 타격을 효과적으로 수행하기 위해서는 거기에 근무하는 사람들을 우리가 반드시 포섭하는 사업도 굉장히 중요할 것이다"라고 말하는 등 격변기에 주동적으로 싸울 수 있는 지침 마련의 필요성, 무기 제작 방안, 목숨을 걸고 무기 탈취·제작 또는 통신선 파괴 등의 임무를 수행할 수 있는 필승의 신념, 오래되거나 혼재된 파이프라인 파악, 물리적 타격을 효과적으로 수행하기 위한 주요시설 근무자 포섭 등 대중포섭 방안 등에 대한 협의내용을 발표하고 …

피고인 한동근은 "파출소도 있고" "지침에 따라서 실질적인 무장을 가지고 활용할 수 있게끔 할 수 있는데" "자기 목숨을 걸고 탈취를 할 것이냐? 탈취한 것을 가지고 실질적으로 군사적 대응을 할 것이냐? 이 문제는 다를 수도 있는 문제인데 많은 동지들이 저는 그러한 위급한 상황에 조직적이고 무장된 역량으로 임할 수 있냐 없냐" 등으로 말하여 무장의 한 방법으로서 파출소 등에서의 무기탈취 가능성과, **피고인 김근래**는 경기동부권역을 대표하여 물질·기술적 준비와 관련하여 "총을 드는 것부터 시작"해서 "적들에게 심대한 타격을 입힐 수 있는 전기통신분야에 대한 공격을 하는 것까지" 여러 가지 의견이 나왔고, 이와 같이 엄중한 상황에서 가장 중요한 것은 "자기의 하나뿐인 목숨"을 걸고 "동지들하고 함께 생사를 걸어야 한다"는 것을 확인하였다고 말하는 등 정세의 긴박함 및 물질·기술적 준비의 필요성 공감, 무장과 전기통신분야에 대한 공격 등 구체적 폭동 방안 논의, 목숨을 걸고 동지들과 생사를 함께 하는 혁명적 결의의 중요성 등에 대한 협의내용을 발표하고 …

경기북부권역 조직원인 이영춘은 "이런 경우를 대비한 집결지라든지 아니면 이동 루트 이러한 것이 필요하다. 그래서 그런 것에 대응하는 매뉴얼(manual)을 만들어야 한다는 이야기가 있었고" "이쪽 지역 자체가 대부분 미군들이 동두천에 많이 거주하고 있고 군속도 거주하고 있는 美軍(미군)아파트들이 있기 때문에 미 군속들의 움직임을 정확하게 예의주시하고 그것을 항상 일상생활에서 파악하는 체계가 필요하다" "後方攪亂(후방교란)은 어떻게 할 거냐? 무장과 파괴 … 이런 것들에 대해서 어떻게 할 거냐? 그런 문제에 대해서 팀을 구성하고 팀 안에서 대응을 세우고 전체 공유해서 대응책을 준비해 나가야 한다"라고 말하는 등 휴전선이 가깝고 미군이 많이 주둔하고 있는 경기북부지역의 특성, 집결지·이동 루트 등 군사 관련 매뉴얼 마련, 미군 정보 수집, 국가기간산업 침투·정보수집, 후방교란 및 무장파괴 등 군사전을 수행할 팀 구성 등에 대한 협의내용을 발표하고 …

중앙팀 조직원 우위영은 "물질, 기술적 준비를 어떻게 갖출 거냐? 뜨거운 반응이었는데 여러 가지 의견이 나왔습니다" "工大(공대)를 나온 분인데 爆藥(폭약)을 만드는 방법을 최근에 공부하고 있다. 배우는 곳이 당사 2층이더라. 정보전, 지방에서 일하고 있는데 민감해야 되고 잘해야 된다"라고 말하는 등 **김○○**은 부산 국제시장에서 총을 구입할 수 있다는 말을 듣고 알아보았지만 구할 수 없었다면서 자신들이 챙길 수 있는 무기들과 지침에 대해 언급하고, "통신을 교란"할 것을 제안하고 있다.

김○○는 "미군 유류라인이 부산까지" 전국적으로 설치되어 있다면서 이러한 정보도 필요하다고 하고 있다. 이에 **피고인 이상호**는 "아주 엑기스만 이야기 하셨네요"라면서, 위장을 하고, "전시에" 차단해야 할 부분에 "타격을 주자"고 말한 다음, 이는 개별적으로 할 수 있는 사안이 아니므로 우선 모여야 하며, "거기에 맞춰서 초소가 정해질 거고, 임무가 주어지는 상황"이 될 것이라고 설명한 후, 다음 논의를 촉발하고 있다.

〈인용 및 참고자료〉

국가정보원, 《민족민주혁명당 간첩사건 수사결과》, 1999년

김명규, 《공산주의: 이론과 혁명의 표리》, 명신출판, 1984년 2월28일

김필재, 〈경기동부연합과 통합진보당의 실체〉, 자유민주연구학회, 2012년 5월23일

_____, 〈대한민국의 敵, 통합진보당 略史〉, 인터넷 조갑제닷컴, 2013년 10월1일

_____, 〈북한 對南전략의 목표 및 방침〉, 인터넷 조갑제닷컴, 2014년1월3일

_____, 〈北韓이 주장하는 고려연방제의 實體〉, 인터넷 조갑제닷컴, 2013년 1월17일

_____, 〈한국 진보정당의 변신과 현주소〉, 월간 〈자유마당〉, 2013년 9월호

검찰, 〈통합진보당 국회의원 이석기 내란음모 사건 중간수사결과〉, 2013년 9월26일

리처드 파이프스(Richard Pipes) 著, 이종인 譯, 《공산주의》, 을유문화사, 2006년 5월

법무부, 〈위헌정당 심판 참고자료〉, 2013

법무부, 〈통합진보당 정당해산 심판청구 관련 보도자료〉, 2013년 11월5일

법무부, 〈정당해산 32문 32답〉, 2013

우정(禹晶), 《분단시대의 민족주의》, 도서출판 '다나', 1996년 5월6일

양동안, 〈한국 좌익혁명세력의 계보와 실세〉, 인터넷 한국발전연구원 홈페이지

유동열, 〈통합진보당 목적의 위헌성〉, 자유민주연구학회, 2014년 1월5일

윤상환, 《제2의 한국전: 가상시나리오》, 도서출판 '메드라인', 2005년

조갑제, 《누가 괴물을 키웠나》, 2013년 9월

조갑제닷컴 편집부, 《從北백과사전》, 2012년 6월11일

조갑제닷컴 편집부, 〈통합진보당 정당해산 심판청구〉, 2013년 11월14일

중앙정보부, 《북한대남공작사(제2권)》, 1973년

제성호·유동열 共著, 《한반도 통일과 재야단체 통일론의 실체》, 자유기업원, 2007년 8월

한기홍, 《진보의 그늘》, 도서출판 '시대정신', 2012년 3월

대한민국의 敵

엮은이 | 김필재
펴낸이 | 趙甲濟
펴낸곳 | 조갑제닷컴
초판 1쇄 | 2014년 3월31일

주소 | 서울 종로구 내수동 75 용비어천가 1423호
전화 | 02-722-9411~3
팩스 | 02-722-9414
이메일 | webmaster@chogabje.com
홈페이지 | chogabje.com

등록번호 | 2005년12월2일(제300-2005-202호)
ISBN 979-11-85701-01-1-03300

값 10,000원

*파손된 책은 교환해 드립니다.